Estudio-Vida
de
Romanos

Mensajes 1-16

Witness Lee

Living Stream Ministry
Anaheim, California

Primera edición: 3,000 ejemplares. Agosto de 1985.
Reimpresión: 500 ejemplares. Enero de 1994.
Segunda reimpresión: 700 ejemplares. Marzo de 1995.

Traducido del inglés
Título original: *Life-study of Romans*
(Spanish Translation)

ISBN 0-87083-190-9
(Mensajes 1-16, en rústica)
ISBN 0-87083-189-5
(juego de cuatro tomos, en rústica)

Publicado por

Living Stream Ministry
1853 W. Ball Road, Anaheim, CA 92804 U.S.A.
P. O. Box 2121, Anaheim, CA 92814 U.S.A.

Impreso en los Estados Unidos de América

ESTUDIO-VIDA DE ROMANOS

MENSAJE UNO

PREFACIO

Cuanto agradecemos al Señor porque El nos ha proporcionado este entrenamiento, un entrenamiento que cubrirá la vida cristiana normal con la vida de la iglesia adecuada. Nosotros prestaremos nuestra atención total a este asunto de la vida: la vida cristiana y la vida de la iglesia. Esto quiere decir que nuestro propósito no es tener un entrenamiento en las doctrinas, aunque todavía necesitamos conocer las verdades y los principios básicos de la Palabra divina. El entrenamiento entero estará dedicado al libro de Romanos. Nosotros necesitamos estudiar la Versión del Recobro de Romanos totalmente. Este mensaje sirve como un prefacio al libro de Romanos.

I. LA POSICION DE ROMANOS EN LA BIBLIA

Primeramente, necesitamos conocer la posición del libro de Romanos en la Biblia. A fin de conocer esto, necesitamos considerar la Biblia como una totalidad.

1. La Biblia: Un Romance de una Pareja Universal

La Biblia es un romance. ¿Tú alguna vez habías oído esto antes? Puede que suene secular e irreligioso. Sin embargo, si has entrado en el pensamiento profundo de la Biblia, comprenderás que la Biblia es un romance, en el sentido más puro y más santo, de una pareja universal.

A. Dios en Cristo como el Novio

El varón de esta pareja es Dios mismo. Aunque El es una Persona divina, desea ser el varón de esta pareja universal Este mismo Dios, después de un largo proceso, ha resultado en Cristo como el Novio.

B. El Pueblo Redimido de Dios como la Novia

La hembra de esta pareja es un ser humano corporativo, el pueblo redimido de Dios, que incluye a todos los santos del Antiguo Testamento y del Nuevo Testamento. Después de un largo proceso esta persona corporativa resulta en la Nueva Jerusalén como la Novia.

C. Este Romance en el Antiguo Testamento

Este romance santo está revelado repetidamente en todo el Antiguo Testamento.

a. La Historia de un Matrimonio

Inmediatamente después del registro de la creación de Dios, encontramos la historia de un matrimonio (Gn. 2:21-25). En este matrimonio Adán es el tipo de Cristo como el esposo, y Eva es el tipo de la iglesia como la esposa. En Efesios 5 vemos a la pareja tipificada por Adán y Eva, Cristo y la iglesia. El tipo de Adán y Eva revela que las personas de esta pareja universal deben ser de la misma fuente. Dios creó una persona, Adán, y desde esta persona procedió una esposa. Eva no fue creada separadamente por Dios; ella salió de Adán. Eva fue hecha de una costilla, un pedazo de hueso, que procedió de Adán, indicando que ambos, Adán y Eva, procedieron desde la misma fuente. En esta pareja universal la esposa debe salir del esposo. Del mismo modo, la iglesia debe salir de Cristo. Las dos personas de esta pareja deben ser de la misma fuente. También deben ser de una sola naturaleza. Además deben compartir una vida común. La naturaleza y la vida de Adán también eran las de Eva. Eva tenía la misma naturaleza y vida que Adán. Las dos personas de esta pareja eran de una sola fuente, de una sola naturaleza, y tenían la misma vida. Sin duda, ellos también tenían un solo vivir. Ellos vivieron juntos. Eva vivió por Adán y con Adán, y Adán vivió por Eva y con Eva.

Esta pareja es el secreto del universo. El secreto de todo el universo es que Dios y Sus escogidos van a ser una sola pareja. ¡Aleluya! Nosotros, los escogidos de Dios, y Dios, somos de una sola fuente, de una sola naturaleza, y tenemos una sola vida. Ahora también necesitamos tener un solo vivir. No estamos viviendo por nosotros mismos ni para nosotros mismos; estamos viviendo con Dios y para Dios, y Dios está viviendo con nosotros y para nosotros. ¡Aleluya!

b. Dios como el Esposo y Su Pueblo como la Esposa

Varias veces en el Antiguo Testamento Dios se refirió a Sí mismo como el Esposo y a Su pueblo como Su esposa (Is. 54:5; 62:5; Jer. 2:2; 3:1, 14; 31:32; Ez. 16:8; 23:5; Os. 2:7, 19). Dios estaba deseoso de ser un esposo y de tener a Su pueblo como Su esposa. Muchas veces los profetas hablaron de Dios como el Esposo y de Su pueblo como Su esposa. Humanamente hablando, siempre pensamos de Dios en una forma religiosa como el Todopoderoso, sintiéndonos compelidos a adorarle. Pero vosotros, hermanos casados, ¿esperáis esto de vuestras esposas? Supongamos que tu esposa piensa de ti como que tienes un gran cuerpo, como un gigante, y se acerca con adoración, inclinándose y arrodillándose para adorarte. ¿Qué dirías? Tú dirías: "Esposa necia, no necesito tal adoradora. Necesito una esposa querida que me abrace y me bese. Si tú me dieras sencillamente un beso pequeño, yo volaré en el aire". Ciertamente nuestro Dios es el Dios todopoderoso, y, como Sus criaturas, debemos adorarle. Muchos versículos hablan acerca de adorar a Dios en esta forma. Sin embargo, ¿nunca has leído en Isaías, Jeremías, Ezequiel y Oseas, que Dios desea ser un esposo? En los tiempos antiguos el pueblo de Dios edificó el templo y estableció un sistema de adoración completa con el sacerdocio y los sacrificios. Un día Dios intervino y habló a través de Isaías diciendo: "Yo estoy cansado de esto. Estoy aburrido con vuestros sacrificios. Quiero que me améis. Yo soy vuestro Esposo, y vosotros debéis ser Mi esposa. Yo quiero tener una vida de matrimonio. Estoy solo. Os necesito. Os necesito, Mi pueblo escogido, para que seáis Mi esposa".

c. El Romance Pleno en el Cantar de los Cantares

Entre los 39 libros en el Antiguo Testamento, hay un

libro llamado el Cantar de los Cantares. El Cantar de los Cantares es más que un romance; es un romance fantástico. ¿Tú alguna vez has leído un romance como el Cantar de los Cantares? En cuanto a mí se refiere, el Cantar de los Cantares es el romance más fino. Habla de dos personas que se enamoran. Aunque no me gusta usar este término, "enamorarse", no puedo negar el hecho. En el Cantar de los Cantares encontramos a una mujer enamorándose de un hombre, diciendo: "Oh, que él me bese con los besos de su boca. Yo tengo sed de esto". Inmediatamente, su amado está cerca, y el pronombre cambia de "él" a "tú" (Cnt. 1:2-3). "Tu nombre es dulce, y tu amor es mejor que el vino. Atráeme, amado mío. No me enseñes; atráeme. Yo no necesito ni un pastor ni un predicador. No necesito ni un anciano ni aun un apóstol. Te necesito para que me atraigas. Atráeme, correremos detrás de ti". ¡Qué romance!

En el caso de Adán y Eva vimos que la pareja tenía una sola fuente, una sola naturaleza, una sola vida y un solo vivir. En Isaías, Jeremías, Ezequiel y Oseas, vimos que Dios desea tener una esposa que viva junto con Él. Dios anhela tener una vida de matrimonio, tener a la divinidad que viva junto con la humanidad. Pero Su pueblo le fracasó. En el Cantar de los Cantares, sin embargo, vemos la vida de matrimonio genuina. ¿Cuál es el secreto de tal romance? El secreto es que la esposa debe tomar a su esposo no solamente como su vida y su vivir, sino como su persona.

Como señalamos durante el entrenamiento informal de 1972, el Señor usó varias figuras de lenguaje para caracterizar a Su buscadora en el Cantar de los Cantares, cuando ella pasó a través de las varias etapas en el crecimiento de la vida. La primera figura que Él usó fue una compañía de caballos (Cnt. 1:9). Los caballos son fuertes, enérgicos, llenos de personalidad, y buscan un objetivo definido propio. Gradualmente, por el trabajo del amor, esta buscadora fue cambiada de una compañía de caballos a un lirio que era fragante, hermoso y floreciente (Cnt. 2:2). La buscadora llegó a ser un lirio sin voluntad, ni emoción ni persona. Eventualmente, llegó a ser una columna. Aunque la palabra columna denota algo fuerte, la buscadora fue comparada con una columna de humo (Cnt. 3:6), no con una columna de mármol. Ella era una columna de humo que permaneció erecta e inmutable en el universo; pero era muy flexible. Me gusta ver a las esposas jóvenes siendo columnas de humo diciendo: "Mi voluntad está en el corazón de mi esposo, mi emoción está en él, y mi mente está en su cabeza. Yo soy simplemente una columna de humo". Una columna de humo no tiene a una persona en sí misma; no tiene mente, ni emoción ni voluntad. Cuando el esposo dice a tal esposa: "Vamos", ella obedecerá instantáneamente. Por el contrario, si el esposo dijese: "Quedémonos aquí por la eternidad", no habrá problema. Sin embargo, las informaciones que recibo acerca de las parejas jóvenes son absolutamente diferentes de esto. Si el hermano dice: "Vamos", la esposa rehúsa. Si el esposo dice: "Quedémonos", la esposa insiste en irse. Ella todavía es un caballo salvaje de Egipto tirando el carro del Faraón. Puede que tal hermana esté buscando al Señor, pero transporta al Faraón. Ella necesita aligerarse. ¿Cómo? Perdiendo su mente, voluntad y emoción, y llegando a ser una columna de humo.

La buscadora en el Cantar de los Cantares eventualmente llega a ser un palanquín para llevar a su amado (Cnt. 3:9). Ella ya no tiene a una persona en sí misma; su Amado, Cristo el Señor, ahora es la Persona dentro de ella. Ella misma es un palanquín llevando a la Persona de Cristo. Más tarde, esta buscadora llega a ser un jardín creciendo algo para satisfacer a su amado (Cnt. 4:12-13). Finalmente, ella llega a ser la ciudad (Cnt. 6:4), la Nueva Jerusalén (Ap. 21·2), sin ninguna persona en sí misma, sino con la Persona fuerte de Cristo dentro de ella. ¡Alabado sea el Señor! Este es el romance santo.

D. Este Romance en el Nuevo Testamento

Ahora necesitamos considerar a este romance como está descrito en el Nuevo Testamento.

a. Cristo como el Novio en los Evangelios

No hay duda que los evangelios nos dan un registro

pleno de Cristo como nuestro Salvador. Sin embargo, ¿has
observado que los cuatro evangelios también nos dicen que
Cristo ha venido como el Novio (Mt. 9:15; Mr. 2:19; Lc. 5:34;
Jn. 3:29)? El ha venido por Su novia. Cuando los discípulos
de Juan el Bautista vieron a muchas personas abando-
nando a Juan para seguir al Señor Jesús, Juan les dijo que
no se perturbaran, que Cristo es el Novio, y que todo el
crecimiento le pertenece (Jn. 3:30). El Novio ha venido por
la novia. ¿Qué es la novia? La novia es el crecimiento de
Cristo. Cada uno de los cuatro evangelios presenta a Cristo
como el Novio que viene por la novia.

b. El Esposo y la Esposa en las Epístolas

En las epístolas Cristo y la iglesia están descritos como
esposo y esposa (Ef. 5:25-32; 2 Co. 11:2). Las epístolas
comparan claramente a Cristo y a la iglesia con un esposo
y una esposa. Si sabemos lo que se da a conocer en las
epístolas, veremos que Cristo está revelado en ellas como
nuestro Esposo y que los creyentes son revelados como Su
contraparte, como Su esposa. Nosotros debemos ser uno
con El en la fuente, en la naturaleza, en la vida y en el
vivir diario.

c. El Matrimonio de Cristo y Su Pueblo en Apocalipsis

En el libro de Apocalipsis Cristo está develado como
uno que tiene una boda (Ap. 19:7), y la Nueva Jerusalén
está presentada como Su esposa (Ap. 21:2, 9). En el capítulo
19 de Apocalipsis vemos que Cristo disfrutará una fiesta de
bodas, y en el capítulo 21 vemos que la Nueva Jerusalén
será Su esposa. En Apocalipsis 21 y 22, los últimos dos
capítulos de la Biblia, vemos que la máxima consumación
de toda la Biblia es esta pareja universal: el esposo y la
esposa.

E. La Pareja Universal y el Hombre Universal

Además, la Biblia nos dice que esta pareja con las dos
personas son una sola carne (Gn. 2:24; Ef. 5:31). Adán y
Eva eran una sola carne. Ya que ellos eran una sola carne,

también eran un solo hombre. Cristo y Su pueblo escogido
son un solo hombre universal y corporativo con Cristo, el
Esposo, como la Cabeza (Ef. 4:15) y con la iglesia, la
esposa, como el Cuerpo (Ef. 1:22-23). Eventualmente, estos
dos llegan a ser un solo hombre todo-inclusivo, universal y
corporativo. En Efesios 5 la iglesia está presentada como
una esposa, y en Efesios 1 la iglesia está presentada como
el Cuerpo de Cristo. Ella es la esposa de Cristo y el Cuerpo
de Cristo. Cristo es su Esposo y su Cabeza. Así, Cristo y la
iglesia son un hombre universal y corporativo. Esta es la
médula de la revelación divina en la Palabra de Dios. La
médula es simplemente una pareja y un hombre: una
pareja con el Dios Triuno como el Esposo y Su pueblo
escogido como la esposa, y un hombre con Cristo como la
Cabeza y con Su pueblo escogido como el Cuerpo. Esta es
la revelación central de toda la Biblia. En la pareja el
aspecto principal es el amor, y en el hombre el aspecto
principal es la vida. Cristo y la iglesia, como una pareja,
son un asunto de amor, y Cristo y la iglesia, como un
hombre, son un asunto de vida.

2. El Antiguo Testamento como una Predicción

A. Las Profecías de Cristo

El Antiguo Testamento es una predicción de Cristo por
las profecías en palabras, tipos, figuras y sombras sencillas.
Si tú lees el Antiguo Testamento cuidadosamente, descubrirás muchos tipos de profecías claras y evidentes de Cristo.
El Antiguo Testamento nos dice de quién iba a nacer
Cristo, dónde iba a nacer, y acerca de muchos de los
eventos en Su vida. Muchísimos versículos están relacionados con tales profecías de Cristo. Además de estas
profecías, hay tipos, figuras y sombras revelando y
retratando a Cristo en una forma detallada. Así el Antiguo
Testamento es considerado como una revelación de Cristo
(Lc. 24:27, 44; Jn. 5:39).

B. La Iglesia en los Tipos, las Figuras y las Sombras

El Antiguo Testamento también es una predicción de la
iglesia, no en palabras sencillas, sino solamente en tipos,

figuras y sombras. En cuanto a palabras sencillas se refiere, la iglesia nunca fue mencionada en el Antiguo Testamento. En el Antiguo Testamento la iglesia fue un misterio escondido (Ef. 3:3-6). No obstante, fue predicha por numerosos tipos, figuras y sombras. Los tipos y las sombras de la iglesia están principalmente en dos categorías. La primera categoría está compuesta de las esposas de los hombres que tipificaron a Cristo. Eva fue un tipo de la iglesia (Ef. 5:31-32). Rebeca, la esposa de Isaac, también fue un tipo de la iglesia (Gn. 24). Rut tipificó a la iglesia (Rut 4) y así lo hizo la sulamita en el Cantar de los Cantares (Cnt. 6:13). En el idioma hebreo, sulamita es el género femenino de Salomón. Tanto Salomón como la sulamita eran de un nombre, uno siendo un Salomón masculino y el otro un Salomón femenino. Esta sulamita también fue un tipo de la iglesia. La segunda categoría incluye al tabernáculo y el templo, y ambos fueron tipos de la iglesia. Aunque la iglesia no se mencionó en el Antiguo Testamento en palabras claras y evidentes, no obstante fue tipificada en una forma plena.

3. El Nuevo Testamento, el Cumplimiento del Antiguo Testamento

¿Y qué acerca del Nuevo Testamento? El Nuevo Testamento es el cumplimiento del Antiguo Testamento. Todo lo que el Antiguo Testamento predijo respecto a Cristo y a la iglesia, ha sido cumplido completamente en el Nuevo Testamento.

A. *El Cristo Individual en los Evangelios*

Los cuatro evangelios son una biografía viva de una Persona maravillosa. Los cuatro evangelios revelan a una Persona maravillosa, el Cristo individual, quien vino para cumplir el Antiguo Testamento. Quizás tú has leído los evangelios frecuentemente sin reconocer los muchos aspectos de Cristo revelados en ellos. En los evangelios de Mateo y Juan son presentados más de 60 aspectos de Cristo. Como hemos señalado en ocasiones previas, en el capítulo 1 de Mateo vemos que Cristo es Jesús, Jehová el Salvador, y también Emanuel, Dios con nosotros. En el capítulo 4 Él es revelado como la gran luz. En los capítulos siguientes le vemos como el David mayor, el templo mayor, el Salomón mayor, el Jonás mayor, el Moisés viviente con los reglamentos a la fecha, y el Elías viviente que cumple las profecías. Si leemos el libro de Mateo cuidadosamente, encontraremos por lo menos 30 ítems más respecto a Cristo. Estos ítems están enumerados en el primer Estudio-vida de Mateo. Cristo es el David real, el Moisés real, el Salomón real y el templo real. Cristo es el todo. En el Evangelio de Juan encontramos 20 ó 30 ítems más. Cristo es la luz, el aire, el agua, el alimento, el Pastor, la puerta y el pasto. Cristo es todo-inclusivo. Él es el todo. ¿Tú has visto a este Cristo? Aunque Él es nuestro Salvador, es mucho más que eso. Él es el todo. Él es una Persona muy maravillosa.

Tú simplemente no puedes decir quién es Cristo. Si dices que Él es Dios, yo diré que es un hombre. Si dices que Él es hombre, yo diré que es Dios. Si dices que es el Hijo de Dios, yo diré que es Dios el Padre. Si dices que es Dios el Padre, diré que es Dios el Espíritu. Si dices que es el Creador, diré que es el Redentor. ¡Cristo es todo!

B. El Cristo Corporativo en Los Hechos

El libro de Los Hechos sigue a los evangelios. ¿Qué es Los Hechos? Los Hechos es la extensión, el crecimiento y el agrandamiento de esta Persona maravillosa. Esta Persona maravillosa estuvo limitada y confinada en el pequeño hombre Jesús, pero en Los Hechos Él se ha reproducido, ha crecido y se ha agrandado. Él ha crecido al extenderse dentro de Pedro, Juan, Jacobo, Esteban y aun Saulo de Tarso. Él se ha extendido dentro de decenas de miles, aun cientos de miles de Sus creyentes, haciéndolos a todos ellos una parte de Él. Colectivamente hablando, todos estos creyentes juntos con Él mismo llegan a ser el Cristo corporativo. Por lo tanto, en los cuatro evangelios tenemos al Cristo individual, y en Los Hechos tenemos al Cristo corporativo. Al final de Los Hechos vemos al Cristo individual así como al Cristo corporativo. Sin embargo, no sabemos cómo el Cristo individual puede llegar a ser el Cristo corporativo. ¿Cómo podemos nosotros, la vasta multitud de los creyentes, llegar a ser una parte de Cristo?

C. La Definición Plena del Cristo Corporativo en Romanos

Esto nos lleva al libro de Romanos. Romanos explica cómo el Cristo individual puede llegar a ser el Cristo corporativo, y cómo todos nosotros que una vez fuimos pecadores y enemigos de Dios, podemos llegar a ser partes de Cristo y formar Su único Cuerpo. El libro de Romanos nos ofrece una definición plena de esto, revelando tanto la vida cristiana como la vida de la iglesia en detalle. De esta manera, llegamos al libro de Romanos para un entrenamiento sobre la vida cristiana y la vida de la iglesia. Romanos provee un esquema de ambas. Ahora conocemos la posición del libro de Romanos en la Biblia.

II. LAS SECCIONES DE ROMANOS

En este punto necesitamos considerar las secciones del libro de Romanos. El Señor nos ha dado ocho palabras para denotar las ocho secciones de este libro: introducción, condenación, justificación, santificación, glorificación, selección, transformación y conclusión. Todos necesitamos recordar estas ocho palabras. Yo nunca había visto antes tal bosquejo de Romanos hasta que el Señor me lo dio sólo recientemente. Aunque conduje un estudio completo del libro de Romanos hace 22 años con los santos en Taiwán, debo declarar que el bosquejo que usé entonces ahora es demasiado viejo. El presente bosquejo con las ocho palabras denotando las ocho secciones es nuevo y a la fecha. Debemos poner estrecha atención al contenido de estas ocho secciones.

1. La Introducción: El Evangelio de Dios

La introducción (1:1-17) delinea el tema del libro de Romanos que es el evangelio de Dios. Este es el contenido de la introducción. En el próximo mensaje veremos qué es el evangelio de Dios.

2. La Condenación: La Necesidad de la Salvación

Después de la introducción, tenemos la sección sobre la condenación (1:18—3:20) que nos devela la necesidad de la salvación de Dios. Todos somos casos desesperados y desamparados, y estamos bajo la condenación de Dios. Nosotros necesitamos la salvación de Dios. o La iglesia?

3. La Justificación: La Realización de la Salvación

La tercera sección, la justificación (3:21—5:11), revela la realización de la salvación de Dios. Relacionados a este asunto de la justificación tenemos otros tres ítems: la propiciación, la redención y la reconciliación. Nosotros cubriremos estos términos cuando lleguemos al capítulo 3. En este punto solamente diré una palabra breve. La justificación de Dios depende de la redención de Cristo. Sin la redención de Cristo, Dios no tiene forma de justificar a los pecadores. Por lo tanto, la justificación depende de la redención, y la redención tiene un aspecto mayor: la propiciación. La propiciación es la estructura mayor de la redención. La propiciación es la parte mayor de la redención de Cristo porque, como pecadores, nosotros le debíamos mucho a Dios. Fuimos retenidos por Dios para pagar esta deuda, y esto causó un problema tremendo. Ese problema ha sido resuelto por Cristo como nuestro sacrificio propiciatorio. Ya que esta propiciación ha solucionado nuestros problemas con Dios, hemos sido redimidos. Basado sobre la redención de Cristo, Dios puede justificarnos fácil y legalmente. De esta manera, la justificación depende de la redención, y la parte mayor de la redención es la propiciación. ¿Qué es, entonces, la reconciliación? La reconciliación es el resultado de la justificación. La justificación de Dios resulta en la reconciliación. Todo esto ha sido efectuado. ¡Aleluya! Aunque tú no estés claro acerca de todas estas palabras ahora, puedes decir al Señor: "Señor, yo no comprendo todos estos términos, pero te alabo porque todo ha sido efectuado".

La justificación nos lleva a Dios. En efecto, no solamente nos lleva a Dios, sino también dentro de Dios.

Por lo tanto, podemos tener el disfrute pleno de Dios. La versión King James dice: "Nos gozamos en Dios" (Ro. 5:11). Nosotros no solamente nos gozamos en Dios; disfrutamos a Dios. Dios es nuestro disfrute. Esto es la justificación.

4. La Santificación: El Proceso de la Vida en la Salvación

Después de esto, tenemos la santificación (5:12—8:13). ¡Cuán bueno es estar en Dios y disfrutar a Dios! Sin embargo, no te mires a ti mismo. Muchas veces cuando yo estaba disfrutando a Dios, alabándole y participando en Sus riquezas, el sutil me dijo: "Mírate a ti mismo. Piensa en cómo trataste a tu esposa esta mañana". En el momento en que yo acepté esta sugerencia, descendí desde el cielo hasta el infierno. Estaba profundamente desilusionado. Mientras estaba en mi cuarto alabando, mi esposa estaba cocinando en la cocina. Cuando Satanás levantó la pregunta de cómo yo había tratado a mi esposa aquella mañana, tenía miedo de que ella oyera mis alabanzas y entrara para detenerme, diciendo: "No alabes nunca más. ¿No sabes lo que me hiciste esta mañana?" Después de ser justificados, necesitamos ser santificados.

¿Qué quiere decir ser santificado? Una vez más podemos usar la ilustración del té. Si ponemos té en un vaso de agua pura, el agua se convertirá en té. A lo más, nosotros somos agua pura, aunque realmente no estamos puros, sino sucios. Aun si somos agua pura, nos falta el sabor del té, la esencia del té y el color del té. Necesitamos que el té entre dentro de nuestro propio ser. Cristo mismo es el té celestial. Cristo está en nosotros. ¡Aleluya!

Recientemente, yo señalé a los santos en Anaheim que nuestro Dios es revelado progresivamente por todo el libro de Romanos. En el capítulo 1 El es Dios en la creación, en el capítulo 3 Dios en la redención, en el capítulo 4 Dios en la justificación, en el capítulo 5 Dios en la reconciliación, y en el capítulo 6 Dios en la identificación. Cuando llegamos al capítulo 8, vemos que nuestro Dios ahora está dentro de nosotros. ¡Cristo está en nosotros (Ro. 8:10)! El ya no está simplemente en la creación, la redención, la justificación, la reconciliación y la identificación, sino que ahora está dentro de nosotros, en nuestro espíritu. Cristo está en nosotros haciendo una obra transformadora y santificadora, tal como el té, cuando lo ponemos dentro del agua, trabaja el elemento del té dentro de ella. Eventualmente, el agua se convertirá totalmente en té. Tendrá la apariencia, el sabor y el gusto del té real. Si te sirvo algo de esta bebida, te estaré sirviendo té, no agua pura.

Si yo os preguntase si habéis sido justificados o no, todos replicaríais: "¡Aleluya! Hemos sido justificados porque Cristo ha efectuado la redención. Dios nos ha reconciliado y ahora estamos disfrutándole". Esto es maravilloso. Sin embargo, ¿y qué acerca de la santificación? ¿Tú has sido santificado? Si algunos de los hermanos casados afirman ser santificados, sus esposas no estarán de acuerdo, diciendo: "Los hermanos ciertamente han sido justificados, pero es muy dudoso que ellos hayan sido santificados". Hermanos, ¿vuestras esposas han sido santificadas? Esposas, ¿pensáis que vuestros esposos han sido santificados? Puede que algunas digan que sus maridos han sido santificados una pequeña cantidad. Otras sienten que ellos han mejorado algo. Sin embargo, yo no estoy hablando de ser mejorado, sino de ser santificado: eso es tener a Cristo forjado dentro de nuestro propio ser, tal como la esencia, el sabor y el color del té son forjados dentro del agua. Esto es la santificación.

5. La Glorificación: El Propósito de la Salvación

La próxima sección en el libro de Romanos es la glorificación (Ro. 8:14-39), develando el propósito de la salvación de Dios. Después de la santificación, está la necesidad de la glorificación. Nuestro cuerpo necesita ser glorificado. Aunque un hermano pueda ser bastante santo, su cuerpo necesita ser glorificado debido a sus defectos y limitaciones físicos. Cuando el Señor Jesús venga, nosotros seremos glorificados. Ahora, yo debo usar anteojos gruesos y peculiares, pero cuando el Señor venga seré glorificado. Nosotros no solamente seremos justificados y santificados;

seremos glorificados, es decir, nuestro cuerpo será redimido.
La glorificación es la redención total de nuestro cuerpo.
Esta glorificación revela el propósito de la salvación de
Dios. El propósito de la salvación de Dios es producir
muchos hermanos para Cristo. Originalmente, Cristo era el
Hijo unigénito de Dios. Ahora el Hijo unigénito ha llegado
a ser el Hijo primogénito. Nosotros mismos seremos
procesados en los muchos hermanos de Cristo y en los
muchos hijos de Dios. En el próximo mensaje veremos que
Cristo es el prototipo y que nosotros somos Su duplicación,
la producción en masa. El pequeño Jesús ha sido procesado
y designado como el Hijo de Dios, y nosotros también
estamos en el mismo proceso para ser designados como los
muchos hijos de Dios. El es el Hijo primogénito, y nosotros,
los muchos hijos, somos Sus muchos hermanos. Este es el
propósito de la salvación de Dios.

6. La Selección: La Economía de la Salvación

Después de la glorificación, llegamos a la selección, la
cual revela la economía de la salvación (Ro. 9:1—11:36).
Dios tiene un propósito y una economía. Su economía es
para el cumplimiento de Su propósito. Dios es muy sabio y
El arregla todo para el cumplimiento de Su propósito. El
sabe lo que está haciendo. El sabe quién es Su pueblo
escogido y sabe cuándo Su pueblo escogido debe ser
llamado. En relación a Dios, la selección es para la
realización de Su propósito; en relación a nosotros, la
selección es nuestro destino.

7. La Transformación: La Práctica de la Vida
en la Salvación

Después de esto, tenemos la sección sobre la transformación, revelando la práctica de la vida en la salvación (Ro.
12:1—15:13). En esta sección vemos la práctica de la vida
de todo lo que ha sido producido por el proceso de la vida.
Todo lo que es producido en la sección sobre la santificación
es practicado en la sección sobre la transformación.
Eventualmente, la santificación llega a ser la transformación. En un sentido, estamos en la santificación; en otro

sentido, también estamos en la transformación. Nosotros
estamos en el proceso de la vida y en la práctica de la vida,
para que tengamos la vida del Cuerpo con una vida
privada correcta. Cada aspecto de la vida cristiana y de la
vida de la iglesia correctas está incluido en esta sección
sobre la transformación. Mientras estamos siendo santificados, también estamos siendo transformados desde una
forma a otra forma y desde un aspecto a otro aspecto.
¡Alabado sea el Señor! Todos estamos bajo el proceso de la
vida de la santificación para la práctica de la vida de la
transformación.

8. La Conclusión: La Máxima Consumación de la Salvación

La última sección del libro de Romanos es la conclusión,
indicando la máxima consumación de la salvación (Ro.
15:14—16:27). La máxima consumación de la salvación de
Dios es las iglesias: no sólo el Cuerpo, sino las iglesias
locales como las expresiones del Cuerpo. ¡Aleluya! El libro
de Romanos empieza con el Evangelio de Dios y concluye
con las iglesias locales. En Romanos, no tenemos a la
iglesia local en la doctrina, sino a las iglesias locales en la
práctica. Como veremos en mensajes más tarde, muchas
iglesias son mencionadas en Romanos capítulo 16.

III. LAS ESTRUCTURAS MAYORES DE ROMANOS

Las estructuras mayores del libro de Romanos son tres:
la salvación la vida y la edificación.

1. La Salvación

La primera estructura mayor de Romanos es la salvación, revelada en el 1:1—5:11 y el 9:1—11:31. La salvación
incluye a la propiciación, la redención, la justificación, la
reconciliación, la selección y la predestinación. En la
eternidad pasada Dios nos predestinó. Luego El nos llamó,
nos redimió, nos justificó y nos reconcilió a El mismo. De
esta manera, tenemos la salvación plena.

Necesitamos diferenciar entre la redención y la salvación.
La redención es lo que Cristo efectuó ante los ojos de Dios.

La salvación es lo que Dios ha forjado en nosotros basado en la redención de Cristo. La redención es objetiva, y la salvación es subjetiva. Cuando la redención se vuelve nuestra experiencia, llega a ser la salvación.

2. La Vida

La salvación es para la vida revelada en el 5:12—8:39. En esta sección la palabra vida se usa por lo menos siete veces y, conforme al capítulo 8, esta vida es cuádruple, la cual veremos cuando lleguemos a ese capítulo.

3. La Edificación

En la última parte de Romanos, 12:1—16:27, tenemos la edificación, el Cuerpo con todas sus expresiones en las iglesias locales. La salvación es para la vida, y la vida es para la edificación. De esta manera, las tres estructuras mayores de Romanos son la salvación, la vida y la edificación.

ESTUDIO-VIDA DE ROMANOS

MENSAJE DOS

EL EVANGELIO DE DIOS

El evangelio de Dios es el tema del libro de Romanos (1:1). Los cristianos están acostumbrados a decir que hay cuatro evangelios: los libros de Mateo, Marcos, Lucas y Juan. Sin embargo, Pablo también se refiere a su Epístola a los Romanos como un evangelio. El evangelio en los cuatro primeros libros del Nuevo Testamento concierne a Cristo en la carne, cuando Él vivió entre Sus discípulos antes de Su muerte y Su resurrección. Después de Su encarnación y antes de Su muerte y Su resurrección, Él estuvo entre Sus discípulos, pero no en ellos todavía. El evangelio en Romanos concierne a Cristo como el Espíritu, no a Cristo en la carne. En Romanos 8 vemos que el Espíritu de vida que nos reside es simplemente Cristo mismo. Cristo está en nosotros. El Cristo en los cuatro evangelios estuvo entre los discípulos; el Cristo en Romanos está dentro de nosotros. El Cristo en los cuatro evangelios es el Cristo después de la encarnación y antes de la muerte y la resurrección. Como tal, Él es un Cristo fuera de nosotros. El Cristo en Romanos es el Cristo después de Su resurrección. Como tal, Él es el Cristo dentro de nosotros. Esto es algo más profundo y más subjetivo que el Cristo en los evangelios. Conservemos este punto en la mente: que el evangelio en Romanos concierne a Cristo como el Espíritu en nosotros después de Su resurrección.

Si solamente tenemos el evangelio respecto a Cristo como en los primeros cuatro libros del Nuevo Testamento, nuestro evangelio es demasiado objetivo. Necesitamos el quinto evangelio, el libro de Romanos, para que revele el evangelio subjetivo de Cristo. Nuestro Cristo no es simplemente el Cristo en la carne después de la encarnación y antes de la resurrección, el Cristo que estuvo entre Sus discípulos. Nuestro Cristo es más alto y más subjetivo. El es el Espíritu de vida dentro de nosotros. El es tal Persona subjetiva. Aunque Juan capítulos 14 y 15 reveló que Cristo estaría en Sus creyentes, eso todavía no se cumplió antes de Su resurrección. El libro de Romanos es el evangelio de Cristo después de Su resurrección, mostrando también que El ahora es el Salvador subjetivo en Sus creyentes. Así, este evangelio es más profundo y más subjetivo.

I. PROMETIDO EN LAS ESCRITURAS

Este evangelio fue prometido por Dios por medio de los profetas en las Escrituras. Esto significa que el evangelio de Dios no fue un accidente; fue planeado y preparado por Dios. La Biblia nos muestra que este evangelio fue planeado por Dios en la eternidad pasada. Antes de la fundación del mundo, Dios planeó tener este evangelio. Así, numerosas veces en las Santas Escrituras, desde Génesis a Malaquías, Dios habló en promesa por medio de los profetas respecto al evangelio de Dios.

II. RESPECTO A CRISTO

Este evangelio de Dios concierne a una Persona, Cristo. Por supuesto, el perdón, la salvación, etc., están incluidos en el evangelio, pero no son el punto central. El evangelio de Dios concierne a la Persona del Hijo de Dios, Jesucristo nuestro Señor. Esta Persona maravillosa tiene dos naturalezas: la naturaleza divina y la naturaleza humana, la divinidad y la humanidad.

1. Salido de la Simiente de David

Pablo menciona primero la humanidad de Cristo, no Su divinidad, diciendo que El nació desde la simiente de David de acuerdo a la carne (1:3). Esto es Su naturaleza humana, Su humanidad.

2. Designado el Hijo de Dios
Procedente de la Resurrección

Luego Pablo dice que El fue "designado el Hijo de Dios en poder conforme al Espíritu de santidad procedente de la resurrección de los muertos" (lit., 1:4). Esta es una referencia clara a la divinidad de Cristo. ¿Por qué Su humanidad se menciona primero y Su divinidad al último?

Pablo menciona primero la humanidad de Cristo porque él mantiene la secuencia del proceso de Cristo. Primeramente, Cristo pasó a través del proceso de la encarnación para llegar a ser carne. Luego El pasó a través del proceso de la muerte y la resurrección. Por medio del segundo paso de Su proceso El llegó a ser el Hijo de Dios procedente de la resurrección. Cristo ha sido procesado en dos pasos: el primer paso, la encarnación; el segundo paso, la muerte y la resurrección. Por estos dos pasos Cristo llegó a ser dos cosas diferentes. El llegó a ser carne por la encarnación, y llegó a ser el Hijo de Dios a través de la muerte y la resurrección. Su primer paso trajo a Dios dentro de la humanidad. Su segundo paso introdujo al hombre dentro de la divinidad. Antes de Su encarnación, Cristo, como una Persona divina, ya era el Hijo de Dios (Jn. 1:18). El era el Hijo de Dios antes de Su encarnación, y aun Romanos 8:3 dice: "Dios envió a Su Hijo" (lit.). Desde que Cristo ya era el Hijo de Dios antes de la encarnación, ¿por qué El necesitó ser designado Hijo de Dios procedente de la resurrección? Porque por la encarnación El se había puesto un elemento, la carne, la naturaleza humana, que no tenía nada que ver con la divinidad. Como una Persona divina Cristo era el Hijo de Dios antes de Su encarnación, pero aquella parte de El que era Jesús con la carne, la naturaleza humana, nacida de María, no era el Hijo de Dios. Esa parte de El era humana. Por Su resurrección Cristo ha santificado y ha elevado aquella parte de Su naturaleza humana, Su humanidad; y El fue designado procedente de esta resurrección como el Hijo de Dios con esta naturaleza humana. Así, en este sentido, la Biblia dice que El fue engendrado Hijo de Dios en Su resurrección (Hch. 13:33; He. 1:5).

Consideremos el ejemplo de una pequeña semilla de clavel. Cuando esta semilla es sembrada en la tierra, crece y florece, un proceso que puede clasificar su designación. Cuando contemplamos una pequeña semilla de clavel antes de que sea sembrada en la tierra, podemos ser incapaces de determinar qué tipo de semilla es. Sin embargo, una vez que ha sido sembrada, ha crecido y ha florecido, está designada. Su flor es su designación. Por lo tanto, todos pueden decir: "Este es un clavel". Ambas, la semilla y la flor, son el clavel, pero la flor es muy diferente en la forma a la semilla. Si la semilla se quedara como una semilla sin florecer, es difícil que la mayoría de las personas comprenda que es un clavel. Pero después que ha crecido y ha florecido, está designada como un clavel para que todos la vean.

Cuando Cristo estuvo en la carne durante Sus 33 1/2 años en la tierra, El fue exactamente como la semilla de clavel. Aunque el Hijo de Dios estaba en El, nadie podría reconocer esto fácilmente. Siendo sembrado en la muerte y creciendo en resurrección, El floreció. Por este proceso El fue designado el Hijo de Dios, y por este proceso levantó la carne, la naturaleza humana. El no desechó la carne, no desechó la humanidad. El la santificó, la elevó y la transformó, y se ha designado con esta humanidad transformada, el Hijo de Dios con el poder divino. Cuando El era el Hijo de Dios antes de Su encarnación, no tenía naturaleza humana. Después de Su resurrección es el Hijo de Dios con la humanidad elevada, santificada y transformada procedente de la resurrección. Ahora es tanto de humanidad como de divinidad. Es tanto la simiente de David como el Hijo de Dios. ¡El es una Persona maravillosa!

Cristo llegó a ser carne para llevar a cabo la obra de la redención. La redención requiere sangre. Es cierto que la divinidad no tiene sangre; solamente la humanidad tiene sangre. No obstante, la redención demanda sangre, porque sin el derramamiento de sangre no hay perdón de pecados (He. 9:22). De esta manera, Cristo llegó a ser carne para la obra de la redención. La redención, sin embargo, no es el objetivo de Dios. La redención abre el camino para que la vida sea dada. En el Evangelio de Juan, Cristo primero fue presentado como el Cordero de Dios que quita el pecado del mundo (Jn. 1:29). Eso fue para la redención. Después de esto, Juan le presenta con la paloma que da vida (Jn. 1:32-33). Primeramente, Cristo efectuó la redención para

nosotros; luego llegó a ser nuestra vida. Cristo llegó a ser
carne para efectuar la obra de la redención para nosotros,
y fue designado el Hijo de Dios procedente de la resurrección
para que se nos imparta como nuestra vida. El primer paso
de Su proceso fue para la redención, y el segundo paso fue
para impartir la vida. Ahora tenemos al Cristo resucitado
dentro de nosotros como nuestra vida. El Cristo resucitado
como el Hijo de Dios es vida para nosotros. El que tiene al
Hijo de Dios tiene la vida (1 Jn. 5:12).

La primera sección del libro de Romanos trata con la
redención efectuada por Cristo en la carne. Romanos 8:3
dice que Dios envió a Su Hijo en la semejanza de la carne
de pecado y condenó al pecado en la carne. La segunda
parte de Romanos trata con el impartir de la vida.
Romanos revela primero a Cristo como el Redentor en la
carne y luego le revela como el Espíritu que da vida. En
Romanos 8:2 encontramos el término "el Espíritu de vida".
Este es el Espíritu residente. El Espíritu residente es el
Espíritu de Cristo, y el Espíritu de Cristo es realmente
Cristo mismo dentro de nosotros (8:9-10).

¿Por qué el libro de Romanos empieza en la forma en
que lo hace? Cada libro de la Biblia empieza en una forma
particular, cada uno diferente de los demás. Pablo empieza
el libro de Romanos en la forma en que lo hace porque
Romanos tiene un objetivo, como se ve en el capítulo 8,
versículos 29 y 30. Este objetivo es producir muchos hijos
de Dios. Este objetivo de producir los muchos hijos de Dios
requiere la redención, el impartir de la vida y el vivir por
esta vida. Como hombres caídos y como pecadores,
nosotros necesitamos la redención, necesitamos la vida
divina, y necesitamos vivir por la vida divina para que
seamos regenerados, transformados y glorificados totalmente como los hijos de Dios. Eventualmente, todos
seremos los hijos de Dios en plenitud.

Dios tenía solamente un Hijo, Su Hijo unigénito. Sin
embargo, Dios no estaba satisfecho al tener sólo un Hijo.
El quiso muchos hijos para que fuesen llevados a la gloria.
Por lo tanto, Dios usó a Su Hijo unigénito como un modelo,
como un diseño, para producir muchos hijos. ¿Tú realizas

que Cristo ha pasado a través del proceso para ser designado Hijo de Dios, y que nosotros también estamos pasando a través del mismo proceso para ser designados hijos de Dios? Originalmente, Cristo era el único Hijo de Dios. En un cierto momento, este Hijo de Dios entró en la carne con el nombre de Jesús. El Hijo de Dios en la carne fue llamado Jesús. Después de 33 1/2 años, Jesús fue designado procedente de la resurrección para ser el Hijo de Dios. Hasta este momento, Dios tenía un Hijo tanto con divinidad como con humanidad. Antes de Su encarnación el Hijo de Dios solamente poseía la divinidad; después de Su resurrección este Hijo de Dios tenía tanto la divinidad como la humanidad. ¡Aleluya! Ahora la humanidad tiene una parte en el Hijo de Dios. El Hijo de Dios hoy tiene tanto la humanidad como la divinidad.

¿Y qué acerca de nosotros? Nosotros nacimos como hijos de hombre, pero hemos sido renacidos como hijos de Dios. Si somos hombres o mujeres, todos somos hijos de Dios. En un sentido, Dios no tiene hijas. Aunque el Señor Jesús tiene muchos hermanos, El no tiene hermanas. En este sentido, toda hermana es un hermano. Todos somos hermanos y todos somos hijos de Dios. Somos hijos de Dios porque el Espíritu del Hijo de Dios ha entrado en nosotros (Gá. 4:6). Tal como el Hijo de Dios entró en la carne por la encarnación, así ahora el Espíritu del Hijo de Dios ha entrado en tantos de nosotros que somos carne. Por lo tanto, en un sentido, cada uno de nosotros es igual que Jesús. Jesús era un hombre en la carne con el Hijo de Dios en El. Nosotros también somos hombres de carne con el Hijo de Dios en nosotros. ¿Tú no eres un hombre de carne con el Hijo de Dios en ti? Ciertamente lo eres. Pero no debemos permanecer como somos, ¿verdad? Estamos esperando ser designados. Oh, este hombre de carne va a ser designado por la santificación, la transformación y la glorificación. ¡Aleluya! Este hombre de carne con el Hijo de Dios en él está bajo el proceso de la santificación, la transformación y la glorificación. Vendrá el momento cuando todos declararemos: "¡Estamos designados para ser hijos de Dios procedentes de la resurrección!" Si tú dices a la gente en la calle que eres hijo de Dios, pensarán que estás loco. Recordemos cómo trataron a Jesús cuando El confesó que era el Hijo de Dios; ellos le mataron. Pero por la muerte y la resurrección El fue designado como el Hijo de Dios. Después de Su resurrección, fue innecesario que Jesús reclamase ser el Hijo de Dios, ya que había sido designado. Hoy día si decimos a la gente que somos los hijos de Dios, pensarán que estamos alterados mentalmente. No obstante, el día está llegando — el libro de Romanos se refiere a este día como la revelación o la manifestación de la gloria de los hijos de Dios — en el cual seremos designados en gloria como los hijos de Dios. No habrá necesidad de que hagamos una declaración. Espontánea-mente, seremos designados como hijos de Dios.

Romanos 1:3-4 nos da a Jesús como el prototipo. En Romanos 8:29-30 tenemos a los muchos hijos de Dios como la producción en masa. En este mensaje estamos conside-rando el prototipo. Con el prototipo está el Espíritu de santidad, la carne y la designación como el Hijo de Dios. ¡Alabado sea el Señor! Nosotros también tenemos el Espíritu de santidad adentro, la carne humana afuera, y seremos designados en plenitud como hijos de Dios.

III. PREDICADO POR LOS ENVIADOS

Ahora necesitamos proceder más allá y considerar cómo es predicado el evangelio de Dios. Es predicado por los enviados. Los enviados son los apóstoles (1:5) separados para este propósito. Todos los creyentes no son apóstoles, pero, en un sentido, todos los creyentes son enviados por el Señor para la predicación del evangelio.

1. En Espíritu

Este evangelio es predicado en espíritu (1:9). Observemos que la palabra espíritu aquí empieza con una letra pequeña, con lo cual indica que no se refiere al Espíritu Santo. Todos los cristianos creen que debemos estar en el Espíritu Santo a fin de predicar el evangelio. Sin embargo, nunca oí a nadie que nos diga que debemos estar en nuestro espíritu. Pero Pablo dice que necesitamos estar en

nuestro espíritu. El predicar el evangelio depende en
nuestro espíritu. Pablo dijo que él servía a Dios en el
espíritu en el evangelio de Su Hijo. Cuando prediquemos el
evangelio, no debemos emplear artimañas; debemos ejercitar nuestro espíritu.

¿Por qué es solamente en el libro de Romanos que Pablo
dice que sirve a Dios en su espíritu? Porque en este libro él
discute con las personas religiosas, quienes invariablemente
están en algo menos que el espíritu: en las letras, en las
formas o en las doctrinas. En el libro de Romanos Pablo
argumenta que todo lo que hagamos hacia Dios debe ser
hecho en nuestro espíritu, que todo lo que somos debe ser
en el espíritu, y que todo lo que tenemos debe estar en el
espíritu. En el capítulo 2, versículo 29, dice que el pueblo
genuino de Dios debe estar en el espíritu, que la circuncisión
verdadera no es externa en la carne, sino en el espíritu. En
el capítulo 7, versículo 6, dice que debemos servir a Dios en
la novedad del espíritu. Pablo se refiere a nuestro espíritu
humano once veces en el libro de Romanos. El último
ejemplo se encuentra en el capítulo 12, versículo 11, donde
dice que debemos estar ardiendo en el espíritu. El predicar
el evangelio de Dios es absolutamente un asunto de nuestro
espíritu.

2. Por la Oración

Para la predicación del evangelio necesitamos mucha
oración (1:9). Necesitamos orar por las almas y orar por el
evangelio. En la predicación del evangelio, la oración es
más necesaria que cualquier tipo de esfuerzo. Si estamos
sin oración, seremos infructíferos en la predicación del
evangelio.

3. Con Ansia

En tercer lugar, debemos predicar el evangelio con
ansia (1:13-15). Si estamos resueltos con el Señor en este
asunto de la predicación del evangelio, debemos ejercitar
estas tres cosas: en el espíritu, por la oración y con ansia.
Las artimañas y las técnicas no serán efectivas. Todos
necesitamos ejercitar nuestro espíritu para tocar a la gente,

para orar y para estar listos con ansia. Si el evangelio no te inspira, nunca inspirará a otros. Si el evangelio no puede convencerte, nunca convencerá a otros. Si tú mismo no lloras con el evangelio, nadie más se arrepentirá. Si lloras, otros llorarán en arrepentimiento. Una vez leí una biografía de un hermano que era prevaleciente en el evangelio. El no predicaba mucho. Sin embargo, cuando se ponía de pie lloraba delante de todas las personas. Después de un período de llorar delante de ellos, lágrimas de arrepentimiento caían de los ojos de la gente. Eso fue predicar el evangelio con ansia.

IV. RECIBIDO POR LOS LLAMADOS

El evangelio de Dios es recibido por los llamados (1:6-7). ¿Qué hacen estos llamados? Ellos creen. Por lo tanto, el evangelio es recibido por los llamados y los creyentes. Nosotros somos los llamados y los creyentes. Ser llamado es ser llamado afuera; creer es creer adentro.

Romanos nos da el ejemplo de Abraham. Abraham fue llamado por Dios fuera de la raza creada. La raza creada había caído dentro de muchas cosas fuera de Dios y había llegado a estar desesperanzada en cuanto a Dios se refiere. Dios renunció a aquella raza, llamando fuera de ella a un hombre llamado Abraham. Así, Abraham llegó a ser el padre de la raza llamada, una raza que no fue creada por Dios, sino una raza que fue llamada afuera por Dios. Nosotros hemos sido llamados fuera de todo lo que es menos que Dios: fuera de la antigua creación, del mundo, de la raza humana y de nosotros mismos. Hemos sido llamados fuera de las cosas buenas y fuera de las cosas malas, fuera de todo lo que no es Dios mismo. Por lo tanto, ser llamado es salir de todo lo que no es Dios mismo.

Después que fuimos llamados, nosotros creímos. Creer significa creer dentro. Creer en Jesús no significa simplemente creer que hay un Jesús. Creer en Jesús significa creer dentro de Jesús; creer en Dios es creer dentro de Dios. El creer requiere que admitamos que estamos desesperanzados e impotentes, y que no podemos hacer nada para agradar a Dios. Nosotros necesitamos olvidarnos y terminarnos a nosotros mismos, terminando todo lo que somos, tenemos y hacemos. Esto es creer. En el lado negativo, creer significa terminar todo lo que somos, todo lo que tenemos y todo lo que podemos hacer. En el lado positivo, significa tomar a Dios como nuestro todo, ponernos dentro de Dios, confiando en lo que El ha hecho por nosotros, en lo que puede hacer por nosotros, y en lo que hará por nosotros. En otras palabras, creer es simplemente terminarnos y ponernos dentro de la confianza plena de Dios. Este creer es contado delante de Dios como justicia y constriñe a Dios para salvarnos.

El evangelio es recibido por las personas que han sido llamadas fuera de todo lo que no es Dios, y que han creído dentro del Dios Triuno, terminando lo que son, tienen y hacen, y confiando en Dios por lo que El ha hecho, puede hacer y hará. Si como tal persona, tú recibes el evangelio de Dios, confesarás: "Yo estoy terminado. No soy más yo, sino Cristo quien vive en mí. No necesito hacer nada, porque El ha hecho todo, y hará todo por mí. Todo lo que tengo, todo lo que soy y todo lo que puedo hacer, ha sido terminado por mi creer dentro de El. Ahora, El es mi todo". Este es el tipo de persona que recibe el evangelio de Dios.

1. A Través de la Obediencia de la Fe

Los llamados reciben el evangelio de Dios a través de la obediencia de la fe (1:5). ¿Qué es esto? Bajo la ley de Moisés, Dios dio al pueblo diez mandamientos para obedecerlos. Aquel tipo de obediencia era la obediencia de la ley, la obediencia del mandamiento. En esta época de gracia, Dios nos ha dado un mandamiento único: creer en Jesús. Dios no requiere que guardemos ningún mandamiento además de éste. Sin hacer caso de quienes somos, debemos obedecer el mandamiento de Dios para creer en Jesús. El que cree en Cristo será salvado, y el que no cree en Cristo ya ha sido condenado debido a su incredulidad (Jn. 3:18). Cuando obedecemos al único mandamiento de Dios, tenemos la obediencia de la fe. Es por esto que el Señor Jesús dijo en Juan 16:8-9 que el Espíritu Santo convencerá al mundo de pecado por no creer en El. Hoy día hay un mandamiento único: el creer en Jesús, y hay un pecado único: no creer en El. Si tú crees, tienes la obediencia de la fe y recibes el evangelio de Dios a través de tal obediencia. Ante los ojos de Dios la persona más obediente es la que cree en Jesús. La persona más desobediente es la que no creerá en El. Nada es más ofensivo para Dios que no creer en Jesús, y por el contrario, nada es más agradable a Dios que creer en El. Si cualquier pecador, cualquier hijo pródigo, dijera: "Oh Dios, gracias por enviar a Jesucristo, yo creo en El", el Padre estará agradado. Dios está feliz contigo cuando tienes la obediencia de la fe.

2. Hacia la Gracia y la Paz

La recepción del evangelio a través de la obediencia de la fe, resulta en gracia y paz. La gracia es Dios en Cristo como el todo para nosotros para nuestro disfrute, y la paz es el resultado del disfrute de la gracia de Dios. Esta paz es el reposo, el bienestar y la satisfacción interiores, no algo exterior.

V. EL PODER DE DIOS

Este evangelio es el poder de Dios hacia la salvación (1:16). En el libro de Romanos la salvación significa mucho. La salvación no solamente significa salvarnos de la condenación de Dios y del infierno; significa salvarnos de nuestra naturalidad, nuestra forma propia, nuestro individualismo y nuestra división. Esta salvación nos salva a lo máximo, capacitándonos para ser santificados, conformados, glorificados, transformados y edificados con otros como el único Cuerpo, y no ser divisivos en la vida de la iglesia. El evangelio de Dios es el poder de Dios hacia tal salvación plena, completa y máxima. Es el poder de Dios para todos los que creen. ¡Alabado sea el Señor! Nosotros creemos.

VI. LA JUSTICIA DE DIOS
REVELADA EN EL EVANGELIO

¿Por qué el evangelio es tan poderoso? Es poderoso

porque la justicia de Dios está revelada en él (1:17).
Conforme a Juan 3:16, la salvación es desde el amor de
Dios. Conforme a Efesios 2:8, la salvación es por la gracia
de Dios. Pero aquí Pablo no dice que la salvación es desde
el amor de Dios ni por la gracia de Dios; él dice que viene
por la justicia de Dios.

Ni el amor ni la gracia están relacionados a la ley.
Ninguna ley obliga a la gente a amar, y ninguna ley
compele a la gente a dar gracia. Si yo te amo o no, todavía
soy lícito, y si te extiendo gracia o no, todavía soy legal. En
un sentido, Dios no está atado para amarnos. Si a El le
gusta, puede amarnos; si no le gusta, puede olvidarse de
nosotros. Además, Dios no está legalmente obligado a
mostrarnos gracia. Cada vez que El se sienta feliz, puede
decir: "Aquí hay gracia"; cuando El se siente infeliz, puede
quedarse lejos de nosotros. Dios no está atado para amar,
ni El está legalmente obligado a extender gracia. La
justicia, por el contrario, está muy relacionada a la ley. Ya
que Cristo ha cumplido todos los requisitos justos de la ley,
Dios está atado para salvarnos. Si tú dices: "Señor Jesús,
Tú eres mi Salvador", puedes volverte a Dios y decir:
"Dios, Tú tienes que perdonarme. Si te gusta o no, debes
perdonarme. Eres justo si me perdonas, pero eres injusto si
no me perdonas". Sé fuerte para hablar a Dios en esta
forma. Porque Cristo ha cumplido todos los requisitos
justos de la ley, Dios está atado por Su justicia para
salvarnos. La justicia es una obligación poderosa. Dios
está bajo tal obligación para salvarnos. Dios no puede
escapar; El tiene que salvarnos porque es justo. 1 Juan 1:9
dice que si confesamos nuestros pecados, Dios es justo para
perdonar nuestros pecados porque Cristo ha muerto por
nosotros y ha derramado Su sangre por nosotros. Por lo
tanto, Dios debe limpiarnos. Había poder en el evangelio
predicado por Pablo porque la justicia de Dios estaba
revelada en él. Cuando lleguemos al capítulo 3, veremos la
justicia de Dios.

1. Procediendo de la Fe a la Fe

La justicia de Dios es revelada en el evangelio procedente

de la fe y a la fe (1:17), queriendo decir que mientras tengamos fe, tenemos la justicia de Dios. La justicia de Dios sale de nuestra fe y a nuestra fe. No digas que tú no tienes fe. Mientras invoques el nombre del Señor Jesús, El es rico para ti. Cuando invocas: "Oh Señor Jesús", El es tu fe. Quizás dirás que no tienes el sentimiento de que crees. En respuesta a esto, te contaré lo que me sucedió hace más de cuarenta años cuando leí un libro acerca de la seguridad de la salvación. Este libro decía fuertemente que mientras creamos estamos salvados. Inmediatamente me pregunté: "¿Tú has creído? ¿Tienes fe?" Yo empecé a dudar. Por algunos días estuve perturbado por esto y fui incapaz de comer y de dormir bien. No tenía el sentimiento de que creía. Después que estuve perturbado por varios días, el Señor fue misericordioso para mí y me ayudó. El Señor dijo: "Hombre estúpido, aborda esta pregunta desde otro ángulo y pregúntate: '¿Tú no crees?' Haz todo lo posible para no creer". Yo traté de no creer en Jesús, pero fui incapaz de hacerlo. Simplemente no pude detenerme de creer en El. Esto fue la prueba de que yo tenía la fe. Si tú sientes que no tienes la fe, trata de detener el creer. Mientras seas incapaz de cesar de creer, eso prueba que tienes la fe. ¡Alabado sea el Señor! Todos tenemos la fe. Con tal que tengamos esta fe, la justicia de Dios es revelada procedente de esta fe y a esta fe. Aunque tú puedas hacer todo intento para abandonar tu fe, no puedes hacerlo porque la fe ha entrado en ti. Dentro de ti hay algo que la Biblia llama "la fe". Mientras tengas la fe, tienes la justicia de Dios.

Decir que la justicia de Dios es revelada, no quiere decir que no tenía existencia anterior. Simplemente quiere decir que, aunque había estado en existencia previamente, no había sido revelada ni hecha visible. Porque todo lo que puede ser revelado ya debe existir. Esta justicia de Dios es revelada procedente de la fe y a la fe.

Permitidme ilustrar sosteniendo un hermoso calendario delante de vuestros ojos. Este calendario ha estado en existencia por algún tiempo, pero sólo ahora os está siendo revelado. ¿Cómo es revelado? Es revelado desde vuestra vista y a vuestra vista. Si fueseis ciegos, el calendario no os podría ser revelado, porque la revelación del calendario es desde vuestra vista y a vuestra vista. La justicia de Dios existe y ha existido por épocas. Ya que creemos en Jesús, tenemos la fe, y esta fe es nuestra vista espiritual. Procedente de esta fe y a esta fe es revelada la justicia de Dios. Por lo tanto, la justicia de Dios es revelada procedente de la fe y a la fe en el evangelio. ¡Alabado sea el Señor!

2. El Justo Tiene Vida y Vive por la Fe

La justicia de Dios es revelada en el evangelio para que el justo tenga vida y viva por la fe (1:17). La palabra griega traducida "viva" en este versículo quiere decir tanto "vivir" como "tenga vida". La versión china la traduce "tener vida". La concordancia de Young también nos dice que la palabra griega quiere decir vivir y tener vida. Este versículo es una cita de Habacuc 2:4, un versículo que ha sido citado tres veces en el Nuevo Testamento. Se encuentra en Hebreos 10:38 donde, conforme al contexto, significa que el justo vivirá por la fe. En Gálatas 3:11 quiere decir que el justo tendrá vida por la fe, porque el contexto de Gálatas 3 dice que la ley no puede dar vida a la gente (Gá. 3:21), para que la gente solamente pueda tener vida por la fe. De esta manera, en Gálatas 3 no es una cuestión del vivir; es un asunto de tener vida. Romanos 1:17 incluye ambos significados: tener vida y vivir. Por lo tanto, el versículo puede traducirse en esta forma: "El justo tendrá vida y vivirá por la fe".

Esta frase corta es un extracto breve de todo el libro de Romanos. El libro de Romanos tiene tres secciones. La primera sección cubre el resultado de la justificación, mostrándonos cómo ser justos, cómo ser rectos, ante los ojos de Dios. La segunda sección nos dice cómo tener vida siendo justificados hacia la vida (5:18). La forma de tener muerte es ser condenado por Dios; la forma de tener vida es ser justificado por El. Luego la tercera sección nos dice cómo vivir. Después que hemos recibido esta vida, necesitamos vivirla principalmente practicando la vida del Cuerpo.

La última sección de Romanos, desde el capítulo 12 hasta el final del capítulo 16, trata con nuestro vivir. Nosotros principalmente necesitamos tener la vida de la iglesia. Las iglesias locales son la parte principal de nuestro vivir como se revela en el capítulo 16. Por lo tanto, el libro entero de Romanos cubre tres cosas: ser justo, tener la vida y vivir correctamente. ¡Alabado sea el Señor! Todos hemos sido justificados y todos hemos recibido la vida divina. Ahora estamos viviendo esta vida principalmente en el Cuerpo, en la iglesia local. Esta es la forma de vivir por la vida divina. El justo tendrá vida y vivirá por la fe.

ESTUDIO-VIDA DE ROMANOS

LA FUENTE DE LA MALDAD
Y LA FORMA DE LA RESTRICCION

En este mensaje cubriremos la fuente de la maldad mostrada en la condenación de la humanidad, y la forma de la restricción mostrada en la condenación de los farisaicos. Después de la introducción, Pablo presenta el asunto de la condenación en cuatro aspectos: sobre la humanidad en general (1:18-32), sobre los farisaicos en particular (2:1-16), sobre los religiosos específicamente (2:17—3:8), y sobre todo el mundo en conjunto (3:9-20). Primeramente, el libro de Romanos revela que la condenación ha venido sobre la humanidad en general. Luego se da atención a dos clases especiales de la humanidad: a la clase farisaica y a la clase educada y religiosa. Finalmente, todo el mundo está introducido bajo la condenación. Si somos buenos o malos, religiosos o no-religiosos, estamos bajo la condenación de Dios. Aunque no deseamos extendernos en el tema de la condenación, hay dos puntos relacionados a ella que son bastante importantes. Primero está la fuente del mal, la fuente de la maldad. Debido a esta fuente la humanidad es mala. De esta manera, en este mensaje veremos la fuente de la maldad del hombre. Segundo, necesitamos ver la forma de la restricción. Hay una forma para restringir esta maldad. Ya que nosotros hemos sido salvados de la condenación, no necesitamos darle mucha atención. Sin embargo, necesitamos regresar a ella lo suficiente para aprender la fuente del mal y la forma de restringir el mal.

I. LA CONDENACION SOBRE LA HUMANIDAD

1. La Fuente de la Maldad

Ahora necesitamos considerar la fuente de la maldad.

Esta sección de Romanos (1:18-32) revela cuatro elementos de la fuente del mal.

A. Oprimiendo la Verdad en la Injusticia

El primer elemento en la fuente de la maldad es oprimir a la verdad en la injusticia (1:18) ¿Qué es la verdad? La verdad no es simple doctrina ni conocimiento. La verdad es la realidad; es sólida y substancial. Hay realidad en este universo, y la realidad principal, es Dios mismo. Decir que no hay Dios es hablar vanidad; declarar la realidad de Dios es hablar algo sólido, substancial, genuino y verdadero. Dios es real. Nadie puede negar la realidad de Dios ni negar el hecho de que Él existe, porque la existencia de Dios es una realidad. Sin embargo, desde el principio mismo, la humanidad no respetó la realidad de Dios, sino que la suprimió. Ellos simplemente no se preocuparon por esta realidad y rehusaron mantenerla en una forma correcta. Ellos oprimieron la verdad en la injusticia, suprimiéndola en una manera injusta. En los Estados Unidos hoy contemplamos el mal en cada lado, y los periódicos están llenos con cosas malvadas y pecaminosas. ¿Por qué hay tantas cosas vergonzosas en el principal país del mundo? Porque tantas personas no mantienen la verdad, sino que en cambio, la oprimen incorrectamente. Este es el aspecto más significante de la fuente de la maldad.

B. Desaprobando el Mantener a Dios en el Conocimiento Pleno

Aunque la humanidad sabía que había Dios, ellos le examinaron y le probaron, decidiendo eventualmente no mantenerle en su conocimiento pleno. Ellos desaprobaron el mantener a Dios en su conocimiento pleno (1:28). Muchos catedráticos y personas profesionales no creen en Cristo. Si tú les preguntas acerca de Dios, ellos dirán: "Nosotros sabemos que hay un Dios, pero no nos gusta creer en Él". Tales personas desaprueban el mantener a Dios en su conocimiento. Nosotros debemos mantener a

Dios en nuestro conocimiento, porque es terrible rehusar hacer esto.

C. No Glorificando a Dios y no Adorándole

En los tiempos antiguos los hombres conocieron a Dios, pero no le glorificaron como Dios. Ni le agradecieron, ni le adoraron ni le sirvieron (1:21, 25). Este es otro elemento en la fuente del mal. El rehusar glorificar a Dios, agradecer a Dios, adorar a Dios y servir a Dios, es un aspecto mayor de la fuente de la maldad. Sin embargo, si le glorificamos y le agradecemos, le adoramos y le servimos, seremos protegidos de todo mal. Hay tantos divorcios y tanta inmoralidad por todo el mundo hoy, porque la gente no quiere glorificar a Dios ni adorarlo. Un hombre que glorifica a Dios, agradece a Dios, adora a Dios y sirve a Dios, nunca se divorciará de su esposa. Todos los divorcios y la inmoralidad proceden de una fuente: el rehusar adorar a Dios. Nunca pensemos que adorar a Dios es un asunto insignificante y que glorificarle es trivial. Ellos significan mucho para nuestro vivir humano. Nosotros necesitamos agradecer a Dios. Tenemos muchas cosas por las cuales agradecerle. Algunas personas no agradecen a Dios hasta la hora de su muerte. Aunque eso es muy tarde, es mejor que nada.

Nosotros necesitamos comprender que glorificar a Dios, agradecer a Dios, adorar a Dios y servir a Dios, son extremadamente importantes. Supongamos que yo tengo un mal carácter, una disposición vergonzosa y fea. Si trato de suprimirla, nunca tendré éxito. Sin embargo, si agradezco y alabo a Dios continuamente, encontraré el mejor método de escapar de mi pobre disposición. Cada vez que vayas a perder tu carácter, debes decir: "Yo voy a servir a Dios. No tengo tiempo para perder mi carácter. Dios, te agradezco porque Tú eres mi Dios, porque eres mi Creador. Sin Ti, no tendría ser. Yo debo mi propia existencia a Ti. Te agradezco, te adoro y te sirvo". Si haces esto, serás librado de tu disposición inmediatamente. ¡Cuánto necesitamos adorar a Dios!

D. Cambiando a Dios

Entonces la humanidad cambió a Dios (1:23, 25). Es terrible cambiar a Dios, porque Dios es la gloria y la realidad del universo. Cuando Dios es expresado, eso es la gloria. Cambiar a Dios significa renunciar a El por algo más. La gente cambió a Dios por los ídolos. Dios es gloria; los ídolos son vanidad. Dios es realidad; los ídolos son una falsedad y una mentira. ¡Cuán tonto y terrible fue que el hombre cambiase a Dios por los ídolos! La mayoría de las personas en los Estados Unidos han aprendido a no adorar ídolos visibles, aunque algunas personas practican esto. No obstante, muchas personas en este país han cambiado a Dios por sus ídolos hechos por sí mismos: su futuro, posiciones, títulos y objetivos. Esto quiere decir que su futuro, posición, títulos y objetivos, han llegado a ser sus ídolos. Ellos se preocupan por estos ídolos, no por Dios. Por lo tanto, también han cambiado a Dios por los ídolos.

Si consideramos cuidadosamente estos cuatro aspectos de la fuente de la maldad, veremos que ellos constituyen el origen de todo tipo de mal y de pecaminosidad.

2. El Resultado de Renunciar a Dios

Ahora necesitamos inquirir en el resultado de renunciar a Dios.

A. Siendo Renunciados por Dios

El primer resultado de renunciar a Dios es ser renunciado por Dios. Cuando tú renuncias a Dios, esto obliga a Dios a que renuncie a ti. Si te sueltas de Dios, Dios estará obligado a soltarte a ti. Esto es muy deplorable. Es terrible ser renunciado por Dios. Nosotros debemos decir a Dios: "Aun si te suelto, no me sueltes. Quizás yo seré tan necio como para renunciar a Ti. Señor, sé misericordioso conmigo y nunca me renuncies". Necesitamos orar en esta forma, porque es horrible ser renunciado por Dios. Cuando una persona ha sido renunciada por Dios, nunca hará cosas buenas. Ella no mejorará, sino que solamente descenderá más bajo y más bajo.

De acuerdo con Romanos 1, Dios renuncia a las

personas a tres cosas. Primero está la suciedad (1:24). Cuando una persona renuncia a Dios y obliga a Dios a renunciarle, esa persona se corromperá, llegando a estar inmediatamente envuelta con la suciedad. Segundo, Dios renuncia a las personas a pasiones de deshonra, a lujurias vergonzosas (1:26). No me gusta mencionar estas lujurias vergonzosas con mis labios limpios. Tales personas pueden llegar a ser sodomitas, complaciéndose en pasiones malignas y afectos ilimitados, deshonrando sus cuerpos unos con otros. Tercero, Dios renuncia a la gente a una mente desaprobada (1:28). Si tú desapruebas el mantener a Dios en tu conocimiento, Dios te permitirá tener una mente que El desaprueba. La mente de los hombres pecaminosos nunca puede ser aprobada por Dios. Por ejemplo, Dios desaprueba a una mente que esté ocupada con pensamientos de divorcio. Miremos a la sociedad pecaminosa de hoy: nadie tiene una mente que pueda ser aprobada por Dios. Todos han sido renunciados por Dios a una mente desaprobada porque hacen lo que es incorrecto. La gente es tan necia y vergonzosa en sus caminos pecaminosos. Su comportamiento es absolutamente inadecuado. No obstante, ellos continúan en el pecado porque Dios los ha renunciado a una mente desaprobada.

B. Teniendo Fornicación:
Confusión en el Orden

Cuando una persona ha sido renunciada por Dios a la suciedad, lujurias deshonrosas y a una mente desaprobada, la consecuencia es la fornicación (1:24, 26-27). ¿Tú sabes el significado verdadero de fornicación? Fornicación significa violar el principio gobernante y mandante. Esto causa confusión en el orden. La economía de Dios es un marido para una esposa. Esto no es solamente la economía de Dios; es Su principio predominante y gobernante. Las personas que han sido renunciadas por Dios harán casi cualquier cosa para quebrantar este principio, violando el principio gobernante de un marido para una esposa. El resultado es fornicación, confusión en el orden. ¿Por qué la gente se compromete en esto? Debido a la suciedad, a las pasiones deshonrosas y a sus mentes desaprobadas. Cuando la gente renuncia a Dios, El los renuncia a la fornicación.

Todo tipo de perversidad resulta desde esta fornicación (1:29-32). Al final de Romanos 1, Pablo enumera los varios tipos de mal y describe a las personas malvadas, tales como los murmuradores, los difamadores y los que aborrecen a Dios. Por esto podemos ver que si una persona renuncia a Dios, Dios la renunciará a ella a las lujurias, la confusión y a toda maldad imaginable.

II. LA CONDENACION DE LOS FARISAICOS

La porción de Romanos sobre la condenación de los farisaicos (2:1-16), junto con la condenación sobre la humanidad, nos muestra la forma de la restricción.

1. La Forma de la Restricción

Ahora llegamos a la forma de la restricción, la forma para restringir el mal y la maldad. Me gusta esta parte de Romanos. Todos nosotros, especialmente los jóvenes, necesitamos poner nuestra atención total a esta forma de restricción.

A. Conociendo a Dios por Su Creación

El primer ítem en la forma de la restricción es conocer a Dios por Su creación (1:19-20). Las cosas invisibles de Dios, Su poder eterno y Su naturaleza divina, pueden ser aprehendidos por Su creación. Los cielos y la tierra manifiestan las cosas invisibles de Dios. Hace aproximadamente 20 años, los hermanos en Taiwán reunieron material biográfico sobre los científicos famosos de los siglos pasados. Ellos descubrieron que solamente un pequeño porcentage de estos científicos principales dijo que no creía en Dios. La clara mayoría de ellos creía en El. Una vez leí un artículo en el cual a Einstein se le preguntaba si creía o no en Dios. El replicó: "Su pregunta es un insulto para mí. ¿Cómo un científico tal como yo no podría creer en Dios?" Si tú estudias la ciencia, te dirá que hay un Dios.

Aunque yo no sé ciencia, conozco un poco acerca de nuestro cuerpo humano. Muchas veces, cuando prediqué a la gente acerca de Dios, les he pedido que consideren sus cuerpos. Yo les dije: "Piensen cuán maravillosos son. ¿Quién los hizo?" Todo el vello en nuestros cuerpos físicos, tanto adentro como afuera, crece hacia abajo excepto el vello en nuestra garganta, el cual crece hacia arriba. Esto es muy significativo. Si el vello en nuestra garganta creciera hacia abajo, moriríamos porque la flema no podría ser descargada. ¿Quién nos hizo de esta forma? Además, consideremos el diseño maravilloso del rostro humano. La boca ha sido situada correctamente. ¡Cuán torpe y cuán terrible sería si nuestra boca estuviese ubicada entre nuestros ojos! También, ¿tú alguna vez has pensado acerca de la función de nuestras cejas? Ellas funcionan como rompeolas, manteniendo el sudor fuera de nuestros ojos. ¿Quién nos diseñó en esta forma? Recientemente yo tuve dos operaciones en mi ojo derecho. El cirujano me mostró un ojo artificial, indicando especialmente el cristalino y la retina. Vi inmediatamente que esto era una réplica exacta de la mejor cámara. Nadie puede hacer una cámara para igualar al ojo humano. ¿Quién hizo estas cosas? Nuestros dientes también están diseñados maravillosamente. Nuestros dientes de adelante, los incisivos, actúan como dos cuchillos, cortando todo lo que se ubica entre ellos. Luego la lengua envía el alimento hacia atrás a los molares, los cuales son como piedras de moler, moliendo el alimento en una substancia digerible. Cuando los molares muelen, la saliva es segregada para licuar el alimento. Esto es maravilloso. ¿Quién lo hizo? Debemos decir: "Señor, gracias. Tú eres mi Creador. Tú me has hecho en tal forma maravillosa."

Cuando contemplamos la creación en general y al cuerpo humano en particular, ¿cómo podemos decir que no hay Dios? Hasta un médico ateo tiene que confesar que hay un Todopoderoso que creó el cuerpo humano. Por lo tanto, por las cosas hechas podemos aprehender el poder eterno y la naturaleza divina de Dios. Cuando vemos a Dios en las bellezas y las maravillas de Su creación, tenemos

que adorarle y glorificarle. Conocer a Dios por Su creación
es el primer aspecto en la forma de restringir al mal.

B. Manteniendo la Verdad en la Justicia

Nosotros debemos mantener la realidad de Dios en la
justicia, aprobando el guardar a Dios en nuestro conocimiento pleno (1:18, 28). Necesitamos glorificarle, agradecerle,
adorarle y servirle (1:21, 25). Es muy importante practicar
estas cuatro cosas. Como un abuelo, yo digo una palabra a
mis nietos que están asistiendo a este entrenamiento. Yo sé
qué es la vida humana. Creedme cuando digo que adorar a
Dios nunca puede estar incorrecto. La primera cosa que
vosotros, adolescentes, necesitáis aprender, es adorar a Dios.
Nada es más importante en vuestra vida humana que adorar
a Dios. Yo odiaría que mis hijos ganen millones de dólares y
no adoren a Dios. No deseo ver que mi segunda o tercera
generación lleguen a ser ricas pero que no adoren a Dios.
Preferiría verlas venir aquí para que aprendan a cómo
adorar al Señor. La bendición más grande en la vida humana
es ser entrenado para adorar a nuestro Dios.

C. Obedeciendo las Leyes de la Naturaleza

Luego, necesitamos hacer las cosas de acuerdo con
nuestra naturaleza (2:14). Algunas personas son tan
espirituales que condenan todo lo natural. Ellas parecen
sentir que nada natural puede ser bueno. En un sentido,
estoy de acuerdo con esto casi completamente. En otro
sentido, sin embargo, yo te advertiría contra el olvido de
nuestra naturaleza. Nuestra naturaleza original, cuando
fue creada por Dios, era buena. Todo lo creado por nuestro
Padre, incluyendo nuestra naturaleza, originalmente era
bueno. Por supuesto, nuestra naturaleza fue envenenada
por la caída. No puede haber duda acerca de esto. No
obstante, como seres humanos, tenemos una naturaleza
que Dios creó buena, y necesitamos actuar de acuerdo con
ella. Debemos prestar atención a esta naturaleza. Aunque
tú argumentes que no es incorrecto robar de los demás, la
naturaleza dentro de ti protesta cada vez que eres tentado a
robar. Aun los ladrones de bancos admitirán que, cuando

roban bancos, su naturaleza les dice: "No hagáis esto". Sin embargo, ellos no escucharán. Es igual con todo malhechor. Cada vez que ellos hacen algo incorrecto, su naturaleza no está de acuerdo. Necesitamos observar los requisitos de la naturaleza dentro de nosotros.

En Romanos 2:14-15 Pablo dice que cuando las naciones que no tienen la ley practican las cosas de la ley, prueban que la función de la ley está escrita en su corazón. La ley de Dios tiene una función en nuestra naturaleza. En otras palabras, nuestra naturaleza corresponde a la ley de Dios, porque nuestra naturaleza fue hecha por Dios. La ley de Dios fue dada de acuerdo con la naturaleza de Dios, porque un legislador siempre establece una ley de acuerdo con su propio ser. Dios creó al hombre conforme a lo que El es. Por lo tanto, la ley dada por Dios y el hombre creado por Dios, corresponden el uno al otro. Por esto, no necesitamos una ley externa porque tenemos la función de la ley escrita en nuestra naturaleza. Simplemente necesitamos vivir de acuerdo con nuestra naturaleza.

D. Escuchando a la Conciencia

Junto con nuestra naturaleza buena, también tenemos una conciencia (2:15). La conciencia es una entidad maravillosa, y debemos escucharla. Aunque los médicos no pueden localizarla, nadie puede negar que la poseemos. Nuestra conciencia protesta continuamente. Cuando tú discutes con tus padres, la conciencia dice: "No hagas esto". Si ofendes a tus padres, tu conciencia te perturbará por tres noches. Cada marido que busca divorciarse de su esposa también será convencido por su conciencia. Todos los hombres tienen una conciencia. Esto es un gran asunto. En la vida cristiana normal todos debemos cuidar de nuestra conciencia en una forma adecuada.

E. Preocupándose por los Razonamientos Correctos

En adición a nuestra naturaleza y a nuestra conciencia, tenemos los razonamientos en nuestra mente (2:15). No seamos tan espirituales para decir que nuestra mente es absolutamente inútil. En nuestra mente tenemos los razonamientos buenos. A veces estos razonamientos acusan y condenan, y otras veces excusan y justifican. A menudo, cuando proponemos hacer una cierta cosa, experimentamos un conflicto en nuestros razonamientos, con algunos razonamientos que dicen: "Sí, eso está bien", y otros que dicen: "No, eso es incorrecto". Todos hemos experimentado esto. Necesitamos cuidar de nuestra naturaleza, de nuestra conciencia, y de los razonamientos dentro de nosotros.

Hemos visto los cinco ítems en la forma de la restricción: conocer a Dios por Su creación, mantener la verdad de Dios en la justicia, vivir de acuerdo con nuestra naturaleza, escuchar a nuestra conciencia, y cuidar de nuestros razonamientos correctos. Si observamos todas estas cosas, seremos restringidos de todo tipo de mal. Aunque todos somos salvos y estamos viviendo en alguna parte en Romanos 5 al 8, todavía necesitamos conocer la fuente del mal y la forma de ser restringidos de hacer el mal. ¡Aleluya, lo hemos encontrado! Nosotros necesitamos conocer a Dios por Su creación y necesitamos mantener Su verdad en justicia. Necesitamos actuar conforme a nuestra naturaleza, al hacer caso de la voz de nuestra conciencia, y al cuidar de los razonamientos correctos dentro de nosotros. Si practicamos todas estas cosas, seremos protegidos.

ESTUDIO-VIDA DE ROMANOS

LA VANIDAD DE LA RELIGION
Y LA TOTALIDAD DE LA DESESPERANZA

En este mensaje cubriremos la vanidad de la religión mostrada en la condenación sobre los religiosos (2:17—3:8), y la totalidad de la desesperanza mostrada en la condenación de todo el mundo (3:9-20). Como hemos señalado, Pablo trata con la condenación en cuatro aspectos: sobre la humanidad en general, sobre los farisaicos en particular, sobre los religiosos específicamente, y sobre todo el mundo en conjunto. Esto es muy significativo. De estos aspectos de la condenación de Dios podemos ver cuatro cosas: la fuente de la maldad, la forma de la restricción, la vanidad de la religión, y la totalidad de la desesperanza.

I. LA CONDENACION SOBRE LOS RELIGIOSOS

Primero consideremos la vanidad de la religión. La cultura humana es la mejor invención humana, y dentro de esta cultura el ítem principal es la religión. La religión es el ápice de la cultura del hombre. La cultura humana necesita a la religión, porque sin ella la cultura es salvaje. Si la religión fuese eliminada de la cultura humana, la cultura permanecería cruda. Por lo tanto, la mayoría de la gente respeta a la religión.

Entre la raza humana las dos mejores religiones son el judaísmo y el cristianismo. Estas son las religiones típicas. Son las religiones genuinas, sanas y fundamentalistas. Ambas procedieron de la misma fuente, la revelación divina en la Biblia. Junto con estas dos religiones, tenemos al Islam, una falsificación del judaísmo. El judaísmo fue la fuente del Islam. El Corán, el libro sagrado de los musulmanes, es realmente una imitación del Antiguo Testamento, aunque su contenido ha sido cambiado a fin de propagar mentiras. El Corán hasta habla acerca de Cristo, diciendo que El es mayor que Mahoma. Conforme al Corán, Cristo nunca fue crucificado. Cuando la gente intentaba clavarle a la cruz, los ángeles descendieron y le llevaron al cielo. El Corán hasta nos dice que este Jesús regresará. Es evidente, por lo tanto, que el Islam y su libro sagrado, el Corán, son falsificaciones.

Estrictamente hablando, además del judaísmo, del cristianismo y de la religión falsificada del Islam, no hay otras religiones. El budismo no es una religión; es una tontería. Una religión enseña a la gente a adorar a Dios, pero en el budismo no hay Dios en absoluto. Puede que preguntes acerca del confucionismo. Las enseñanzas de Confucio no son religiosas; son en conjunto enseñanzas éticas, que no tienen nada que ver con Dios. En sus escritos clásicos, Confucio probablemente mencionó a Dios solamente una o dos veces, llamándole "los Cielos". No debemos considerar al confucionismo como una religión. Sobre esta tierra hay sólo tres religiones: las religiones genuinas del judaísmo y del cristianismo, y la religión falsificada del Islam.

Aun en las dos religiones genuinas todavía no hay nada sino vanidad. Nosotros no necesitamos religión. Necesitamos una Persona viviente. No necesitamos algo relacionado a Dios; necesitamos a Dios mismo. No necesitamos una forma para adorar a Dios; necesitamos que la Persona viviente de Dios entre en nosotros. Cuando Dios nos dio la Biblia, El no tuvo la intención de darnos una religión. La intención de Dios fue revelarse dentro de nosotros por medio de la Palabra Santa, no tener una forma religiosa. Sin embargo, los judíos primitivos formaron una religión desde el Antiguo Testamento. Luego el cristianismo hizo una religión más fuerte porque tiene 27 libros más que los judíos. Los judíos solamente tuvieron 39 libros para usar al establecer una religión; el cristianismo tiene 66. De esta manera, el cristianismo ha formado una religión aún más fuerte. No obstante, mientras más fuerte es una religión, más vanidad contiene.

Yo realizo que puedo ofender a algunas personas al

hablar en esta forma. La palabra cristianismo es dulce y preciosa para los oídos de muchos cristianos, y les es ofensivo que un hombre diga que el cristianismo es vanidad. Si tú estás ofendido por esto, prueba que eres sumamente religioso. Yo no digo que Cristo es vanidad y no digo que los cristianos son vanidad, pero afirmo fuertemente que el cristianismo es vanidad. Cualquier "ismo" es vanidad, incluso el "iglesianismo". La iglesia es preciosa, pero si tú agregas "ismo" a la iglesia, llega a ser vanidad. Nosotros queremos a Cristo, a los cristianos y a la iglesia, pero no queremos ningún "ismo". Esto no es mi enseñanza. Si regresamos a la Palabra pura en el Nuevo Testamento, encontramos el término Cristo y el término cristianos (Hch. 11:26). Sin embargo, los términos cristianismo o Navidad (inglés "Christmas", N. del T.) no están en la Biblia. Un tipo de "ismo" o "mas" ha sido agregado a Cristo. La Navidad es vanidad. Cuando la gente cuelga lámparas en un arbolito, eso es "ismo" o "mas". Eso es vanidad. Debemos cuidarnos de la religión; la religión es vanidad.

1. Teniendo un Nombre Externo

Ahora necesitamos considerar unos pocos asuntos acerca de la vanidad de la religión. Primero, la religión tiene un nombre externo (2:17). Recientemente, fui a la barbería para un corte de pelo. El barbero habló de asistir a la misa de Navidad. Yo utilicé la oportunidad para preguntarle cuánta gente habría allí. El dijo: "Usted sabe, esto es sólo un deber religioso. Algunas personas asisten a la misa solamente una vez al año en el tiempo de Navidad". Aquí vemos un ejemplo de la vanidad de la religión: asistir a la misa una vez al año como una obligación religiosa a fin de mantener el nombre de ser católico. ¿Qué tipo de creyente es éste? Un creyente con un simple nombre exterior. Si tú eres real en el espíritu, significando que eres un creyente genuino, eso es maravilloso. Sin embargo, si te falta la realidad y guardas simplemente el nombre externo, no significa nada. Es vanidad.

2. Conociendo a Dios en el Conocimiento Exterior

El segundo aspecto de la vanidad de la religión es conocer a Dios en el conocimiento exterior (2:17-18). Es vano conocer a Dios simplemente en el conocimiento exterior, en las letras externas. Necesitamos el conocimiento interno de Dios, el conocimiento en nuestro espíritu, el conocimiento que se esparce dentro de todo nuestro ser. Necesitamos tal conocimiento interno y subjetivo de Dios.

3. Teniendo las Escrituras Exteriormente

El tercer ítem de la vanidad de la religión es tener las Escrituras exteriormente (3:2). Tanto los judíos como los cristianos tienen la Biblia, pero la Biblia, para muchos de ellos, ha llegado a ser un libro supersticioso. Ellos mantienen la Biblia en una forma supersticiosa. Algunos cristianos me han dicho que tienen miedo de dormir en la noche sin tener una Biblia cerca. Si no ponen la Biblia al lado de su almohada o en su mesa, no tienen paz para dormir en la noche, pensando que la Santa Biblia mantendrá alejados de ellos a los demonios. Esto es superstición. Otros cristianos usan la Biblia para encontrar guía en una forma extraordinaria. Ellos abren la Biblia, ponen su dedo en un cierto lugar, y siguen la guía dada en cualquier versículo que ubiquen. Yo una vez oí de una persona supersticiosa que abrió la Biblia y puso su dedo sobre el versículo que decía que Judas salió para ahorcarse (Mt. 27:5). Me pregunto qué hizo. Es terrible y absolutamente supersticioso manejar las Escrituras en esta forma. Todas estas prácticas vanas deben ser derribadas.

Por supuesto, la mayoría de los judíos ortodoxos y los cristianos genuinos no manejan la Biblia en tal forma supersticiosa, pero no toman las Escrituras en una forma real y viviente. Ellos se preocupan por las enseñanzas en las letras; no se preocupan por Cristo, la Persona viviente. En Juan 5:39-40 el Señor Jesús dijo a los religiosos judíos que ellos escudriñaban las Escrituras para el conocimiento, pero que no vendrían a El por vida. Hoy día muchos cristianos están en la misma categoría. De esta manera, la

Biblia no significa mucho para ellos en la vida y en la realidad.

4. Guardando la Forma Exterior en la Letra

Algunas personas religiosas guardan la forma exterior en la letra (2:27-28). Tomemos el ejemplo del bautismo. Muchos cristianos queridos se aferran a sus conceptos acerca del bautismo por inmersión en el agua. Yo mismo estoy fuertemente a favor del bautismo por inmersión de acuerdo con las Escrituras, y nunca bautizaría a la gente rociándola. Sin embargo, este asunto del bautismo ha llegado a ser casi enteramente una simple forma externa. Nosotros debemos evitar todas las formas externas. Pablo dijo a los judíos que si la circuncisión de ellos es simplemente externa, es irreal. La circuncisión genuina es la interna, en el corazón y en el espíritu. Podemos aplicar la misma palabra al bautismo, porque, en un sentido, el bautismo reemplaza a la circuncisión. En el Antiguo Testamento era la circuncisión, y en el Nuevo Testamento la circuncisión ha sido reemplazada por el bautismo. Ya que la circuncisión es irreal mientras sea practicada como una pura forma externa, así el bautismo nunca puede ser real si es simplemente externo. Siento decir que casi todos los bautismos han degradado a una forma externa.

Yo puedo ilustrar con mi propia experiencia. Primero, fui rociado con unas pocas gotas de agua por un pastor. Más tarde realicé que esto era incorrecto, que no estaba contenido en la Biblia. Entonces fui sumergido en el mar por un maestro de los Hermanos. Después de esto, alguien me dijo que es incorrecto ser bautizado en el agua salada en vez del agua dulce. Conforme con ellos, la gente debe seguir el ejemplo de Jesús y ser sumergida en un río. Luego, quizás, un pastor discutirá que todavía es incorrecto porque no es en el río Jordán. Eventualmente realicé que aun si la gente hubiese sido bautizada en el río Jordán, alguien más les diría que ello todavía estaba incorrecto, porque no habían sido sumergidos en el punto preciso donde Jesús mismo había sido bautizado. Los argumentos son interminables, y las críticas son injustas e irrazonables.

La gente ha discutido y ha debatido acerca del bautismo por siglos, porque se aferra a una forma externa. Algunos, como los cuáqueros y la señora Penn-Lewis, han repudiado el bautismo físico exterior. Aunque yo no estoy de acuerdo con esto, te advierto a que no pongas atención a una forma que sea correcta conforme a tu visión. Tú no eres el Señor, ni yo lo soy. Si eres bautizado en agua caliente o agua fría, agua salada o agua dulce, en el río o en el océano, una vez o varias veces, la simple forma externa no significa nada. Nosotros necesitamos la realidad interna. No te encorajo a practicar nada como una forma. No debemos estar atados a ninguna forma, sino poner nuestra máxima atención a la realidad.

5. Faltando la Realidad Interior en el Espíritu

La religión es vanidad porque le falta la realidad interior en el espíritu (2:29). Romanos 2:29 dice que cualquier cosa que seamos, que cualquier cosa que hagamos y que cualquier cosa que tengamos, debe ser todo en el espíritu. Si tú eres judío y estás circuncidado, tu circuncisión debe ser en el espíritu. Si eres cristiano y estás bautizado, tu bautismo debe ser en el espíritu. Todo debe ser en el espíritu. El espíritu aquí, por supuesto, es el espíritu humano. ¿Por qué todo debe ser hecho en nuestro espíritu? Porque nuestro espíritu es el propio lugar dentro de nosotros donde Dios puede habitar. El espíritu es el sitio, la base donde Dios puede actuar a nuestro favor. Si tú eres un cristiano en tu espíritu, esto significa que eres un cristiano con Dios. Si actúas en tu espíritu, esto significa que actúas con Dios. Sin Dios, todo es vano; con El, todo es realidad. Por lo tanto, debemos volver a nuestro espíritu. Si amamos a otras personas, debemos amarlas en nuestro espíritu. De otro modo, nuestro amor no es genuino. Es un amor político. Sin embargo, si amamos en nuestro espíritu, nuestro amor está con Dios. Cuando vosotros, maridos, decís a vuestras esposas que las amáis, necesitáis decir esto con vuestro espíritu. Si vuestro amor no es en el espíritu, es un fraude, es un amor político. Muchas esposas han sido engañadas por el amor político de sus maridos. Si

yo te digo una palabra, debo decirla en mi espíritu.
Entonces esa palabra será una palabra con Dios. De otro
modo, será una conversación política. Nuestro espíritu es el
órgano a través del cual Dios puede tocarnos, y a través del
cual podemos tocar a Dios. Todo lo que somos y todo lo que
hacemos debe ser en nuestro espíritu. Esto no es religión;
esto es realidad.

6. Haciendo Maldades como los Irreligiosos

Eventualmente, la gente religiosa practica las mismas
maldades que los irreligiosos (2:21-22). Parece que no hay
diferencia entre la gente irreligiosa y la gente religiosa.
Todos son iguales. Aunque los judíos eran religiosos, se
comportaron aun peor que los gentiles.

En esta porción sobre la condenación de los religiosos,
vemos que la religión no significa nada, que es vanidad.
Por lo tanto, no debemos acercarnos a la religión ni tener
nada que ver con ella. Nosotros necesitamos a la Persona
viviente del Dios Triuno.

II. LA CONDENACION SOBRE TODO EL MUNDO: LA TOTALIDAD DE LA DESESPERANZA

Ahora llegamos a la condenación sobre todo el mundo,
una condenación que revela la totalidad de la desesperanza
(3:9-20). La situación del mundo es desesperada. No trates
de curarla, de corregirla ni de mejorarla. Renuncia a tu
esperanza. La condición del mundo es incurable.

En esta sección de Romanos, Pablo describe al hombre
como totalmente maligno y da varias pruebas de que la
condición del mundo es desesperada. Ninguna persona
busca a Dios y ninguna entiende a Dios (3:11). Todos se
han desviado de Dios y han llegado a ser inútiles (3:12).
Nadie es justo (3:10) y nadie practica lo bueno (3:12). En
otras palabras, no hay ni un hombre justo y ni un hombre
bueno. ¿Tú sabes la diferencia entre un hombre justo y un
hombre bueno? Si yo trabajo para ti por un mes con un
salario de quinientos dólares al mes y rehusas pagarme,
eres injusto. Sin embargo, si me pagas, eres un hombre
justo. Si yo no trabajara para ti en absoluto y tú me dieses

quinientos dólares como un regalo cuando yo los necesitara, ése sería un acto de gracia. Si hicieras esto, serías un buen hombre. Sin embargo, Pablo dice que entre todos los seres humanos en el mundo, ninguno es justo y ninguno es bueno. ¿Tú crees esto? Yo sí. No debemos pensar de nosotros mismos como excepciones. Nadie es justo; nadie es bueno. Por lo tanto, todos han llegado a estar sujetos al juicio de Dios (3:19). La condición del mundo es totalmente desesperada.

¿Dónde estábamos antes de que fuésemos salvados? Todos estábamos bajo el juicio justo de Dios. Cada uno de nosotros estaba equivocado. Ninguno de nosotros buscaba a Dios ni entendía a Dios. Cada uno de nosotros se había desviado y habíamos llegado a ser inútiles. Ninguno de nosotros era justo ni bueno. Todos estábamos bajo el juicio justo de Dios. Por esto podemos ver la condición desesperada del mundo.

Yo aprecio los escritos de Pablo. En la sección sobre la condenación vemos la fuente de la maldad, la forma de la restricción, la vanidad de la religión, y la condición desesperada del mundo. Aquí está la conclusión de los escritos de Pablo sobre la condenación: todo el mundo está sujeto al juicio justo de Dios. ¿Dónde estaríamos y qué seríamos si todavía no fuésemos salvos? Seríamos un caso desesperado bajo el juicio de Dios. Sin considerar lo que hicimos, lo que tuvimos y lo que éramos, estábamos bajo el juicio justo de Dios. Todos realizamos nuestra necesidad de la salvación de Dios. Esta sección sobre la condenación pavimenta el camino para la salvación de Dios, y abre la puerta para que la gente entre en la salvación de Dios. Sin considerar quiénes somos, necesitamos a Cristo. Necesitamos a Cristo con Su redención.

La intención de Pablo en la sección sobre la condenación fue preparar el camino para que él ministrara a Cristo dentro de nosotros. El objetivo máximo del evangelio de Pablo es ministrar a Cristo dentro de nosotros. Cuando lleguemos a Romanos 8, encontraremos un versículo que dice: "Cristo está en vosotros" (8:10). Este es el objetivo de Pablo. Si somos uno de la humanidad, uno de los farisaicos, uno de la gente religiosa o una persona en el mundo, necesitamos a Jesús. Nuestra necesidad está en nuestro espíritu. No debemos poner atención a las cosas externas o a las acciones externas, sino volvernos al espíritu. Allí en el espíritu encontraremos a Cristo. En el espíritu disfrutaremos a Cristo. El escrito de Pablo sobre la condenación pavimenta el camino para que recibamos a Cristo. El abre el camino para que Cristo entre en nosotros.

ESTUDIO-VIDA DE ROMANOS

LA JUSTIFICACION EN LA FORMA DE DIOS

Ahora llegamos a la sección sobre la justificación, una doctrina muy significativa (3:21—5:11). Martín Lutero fue levantado por Dios para librar una fiera batalla sobre la justificación, porque es una gran doctrina en la Biblia. Aunque Lutero contendió por la verdad de la justificación, nosotros tenemos que entender cómo la justificación se relaciona con la propiciación, la redención y la reconciliación. En este mensaje, cubriremos todos estos términos y buscaremos ponerlos en claro. Sin embargo, primero necesitamos considerar la justicia de Dios.

I. LA JUSTICIA DE DIOS

1. Dios en Rectitud y Corrección

¿Qué es la justicia de Dios? Podemos decir que la justicia de Dios es lo que Dios es con respecto a la rectitud y a la corrección (Ro. 3:21-22; 1:17; 10:3; Fil. 3:9). Dios es justo y recto. Todo lo que Dios es en Su rectitud y corrección constituye Su justicia. Además, todo lo que Dios es en Su rectitud y corrección es realmente El mismo. Por lo tanto, la justicia de Dios es Dios mismo. La justicia de Dios es una Persona, no simplemente un atributo divino.

2. Cristo como la Justicia de Dios para los Creyentes

Muchos cristianos dicen incorrectamente que ellos tienen la justicia de Cristo. No debemos decir esto. Nuestra justicia no es la justicia de Cristo; es Cristo mismo. Cristo mismo como una Persona, no Su atributo de justicia, nos ha sido hecho la justicia de Dios (1 Co. 1:30). No digas que la justicia de Cristo ha llegado a ser tu justicia. En su lugar debes decir: "Cristo es mi justicia. Mi justicia delante de Dios es la Persona viviente de Cristo, no un atributo. El Cristo justo es mío". Dios ha hecho a Cristo, quien es la propia incorporación de Dios mismo, nuestra justicia.

3. Los Creyentes Hechos la Justicia de Dios en Cristo

Segunda de Corintios 5:21 dice que los creyentes son hechos la justicia de Dios en Cristo. Pablo no dice que los creyentes son hechos justos; él dice que son hechos justicia. Nosotros hemos sido hechos la justicia de Dios en Cristo. Este es un asunto profundo. ¿Cómo podemos llegar a ser la justicia de Dios? Al tener a Cristo forjado dentro de nosotros. Hemos visto que Cristo es la incorporación de Dios, y que Dios, como una Persona viviente, es la justicia. Por lo tanto, la justicia, Dios y Cristo son uno. La justicia de Dios es Dios mismo. Ya que este Dios está incorporado en Cristo, Cristo es la justicia de Dios. Cristo ha sido forjado dentro de nosotros, y hemos sido puestos dentro de Cristo. Hemos sido mezclados juntos con Cristo como uno. De esta manera, llegamos a ser la justicia de Dios. Pablo declara: "Porque para mí el vivir es Cristo" (Fil. 1:21). Como Cristo ha sido forjado dentro de nosotros, podemos decir con Pablo: "Porque para mí el vivir es Cristo". Supongamos que tenemos un vaso de agua. Una vez que el té ha sido mezclado con ella, ya no es agua pura; es té. Del mismo modo, una vez que Cristo ha sido forjado dentro de nosotros, llegamos a ser uno con El.

La justicia de Dios no es solamente Dios mismo en Su rectitud y corrección, y no es sólo la Persona viviente de Cristo; también es nosotros, quienes hemos sido hechos uno con Cristo. La Persona viviente de Cristo como la justicia de Dios ha sido forjada dentro de nosotros, y hemos sido puestos dentro de El. Por lo tanto, hemos sido hechos la justicia de Dios. Debemos proclamar: "Yo soy la justicia de Dios. He sido justificado. Dios es justicia, y yo también lo soy. Soy la justicia de Dios en Cristo. Yo soy lo que Dios es. Estoy completamente justificado. Dios y yo hemos sido identificados. Yo apruebo a Dios, y El me

aprueba a mí. Nos aprobamos mutuamente uno a otro".
Esto es la justificación por la fe.

Puede que algunos piensen que no debemos decir que
aprobamos a Dios. No obstante, todos debemos aprobarle.
A Dios le gusta ser juzgado y ser aprobado por nosotros
(Ro. 3:4). De esta manera, podemos decir a Dios: "Tú nos
apruebas, y nosotros te aprobamos".

4. La Justificación: Siendo Aprobados Conforme al Nivel de la Justicia de Dios

¿Qué es la justificación? La justificación es la acción de
Dios en aprobar a las personas conforme a Su nivel de
justicia. Su justicia es el nivel, no la nuestra. Aunque
pensemos que somos justos, nuestra justicia es solamente
un cuarto de pulgada de alto. Sin considerar cuán justos
somos o cuán justos pensamos que somos, nuestra justicia
es sólo una fracción de una pulgada de alto. ¿Cuán alta es
la justicia de Dios? ¡Es ilimitada! ¿Tú puedes ser aprobado
por Dios de acuerdo con tu propia justicia? Esto es
imposible. Aunque tú seas recto con todos — con tus
padres, tus hijos y tus amigos — tu justicia nunca te
justificará ante Dios. Tú puedes justificarte de acuerdo con
tu nivel de justicia, pero esto no te capacita para ser
justificado por Dios de acuerdo con Su nivel. Nosotros
necesitamos la justificación por la fe. La justificación por
la fe ante Dios significa que somos aprobados por Dios de
acuerdo con el nivel de Su justicia.

¿Cómo Dios puede hacer esto? El puede hacerlo porque
nuestra justificación está basada sobre la redención de
Cristo. Cuando la redención de Cristo se nos aplica, somos
justificados. Si no hubiese tal redención, sería imposible
que seamos justificados por Dios. La redención es la base
de la justificación.

II. LA REDENCION DE CRISTO

1. La Reparación, en el Antiguo Testamento

Cuando llegamos al tema de la redención de Cristo,
necesitamos considerar la reparación en el Antiguo Testamento (Lv. 16:34; 25:9).

A. La Expiación

La reparación en el Antiguo Testamento era una expiación (Lv. 25:9; Nm. 5:8). La expiación significa aplacar a Dios para nosotros, conciliar a Dios satisfaciendo Sus requisitos justos.

B. La Cubierta Expiatoria del Arca

La cubierta expiatoria (traducida "propiciatorio" por la versión Reina Valera) era la tapa del arca (Ex. 25:17-22; Lv. 16:14; He. 9:5). Bajo esta cubierta estaba la ley que era llamada el testimonio de Dios (Ex. 25:21). ¿Por qué era llamada el testimonio de Dios? Porque la ley testifica qué es Dios. Dios es testificado y expresado completamente por Su ley. Sobre la cubierta expiatoria estaban los querubines de gloria, significando la expresión de Dios (Ex. 25:19-20; He. 9:5; Ro. 3:23). Por lo tanto, bajo la cubierta estaba el testimonio de Dios, mostrando qué tipo de Dios es El, y sobre la cubierta estaban los querubines de gloria, expresando la gloria de Dios.

La cubierta expiatoria era rociada con la sangre expiatoria (Lv. 16:14, comp. el 18). En el día de la reparación, o, como es mejor decirlo, en el día de la expiación, la sangre del sacrificio expiatorio era derramada, llevada dentro del Lugar Santísimo, y rociada sobre la cubierta expiatoria. Esa sangre era una sangre hablante. En aquel tiempo, existían algunos problemas entre Dios y el pueblo. Todos habían pecado contra Dios y no alcanzaban la gloria de Dios. De esta manera, dos problemas — el problema de los pecados y el problema de no alcanzar la gloria de Dios — existían entre Dios y el pueblo, creando una separación entre ellos. No había forma en que ellos se juntaran. Aunque el pueblo necesitaba la gracia de Dios, y aunque Dios tenía gracia para dispensarles, no había forma en que las dos partes se acercaran una a otra. La expiación era la forma. Esa era la forma de la reparación. En los tiempos del Antiguo Testamento, la forma de la reparación, esto es, de la expiación, requería un sacrificio en el cual la sangre era derramada. Esta sangre era llevada dentro del Lugar Santísimo y rociada sobre la cubierta del arca. Como hemos visto, bajo esta cubierta estaba la ley exponiendo y condenando al pueblo cuando se acercaba a Dios, y sobre la cubierta estaban los querubines de gloria observando todo. Cuando la sangre de la reparación era rociada sobre la cubierta del arca, satisfacía los requisitos justos de la ley de Dios, y cumplía las demandas de la gloria de Dios. Por lo tanto, sobre la cubierta expiatoria del arca Dios podía encontrarse con el hombre, hablar al hombre, y tener comunión con el hombre en una forma lícita sin contradecir Su justicia ni Su gloria. Era en este lugar que Dios y el hombre eran hechos uno. Esa era la reparación, la expiación.

2. La Redención en el Nuevo Testamento

A. La Propiciación

La expiación en el Antiguo Testamento fue un tipo de la propiciación en el Nuevo Testamento. La propiciación se menciona por lo menos cinco veces en el Nuevo Testamento. En 1 Juan 2:2 y en el 4:10 se nos dice que Cristo, el Hijo de Dios, es Él mismo la propiciación por nuestros pecados. En ambos lugares la palabra propiciación realmente significa un sacrificio y debería traducirse "sacrificio propiciatorio". La palabra griega en estos versículos es ilasmós, la cual significa "lo que propicia", es decir, un sacrificio propiciatorio. En 1 Juan 2:2 y 4:10 el Señor Jesús es el sacrificio propiciatorio por nuestros pecados. Otra palabra griega respecto a la propiciación, ilastérion, se encuentra en Hebreos 9:5 y en Romanos 3:25. Ilastérion significa el lugar donde fue hecha la propiciación. Los libros de referencia adecuados indican que la palabra ilastérion en estos dos versículos significa el lugar de la propiciación, y la versión King James la traduce como "propiciatorio". En la Septuaginta, la traducción griega del Antiguo Testamento, ilastérion es la palabra para el término "propiciatorio" en Exodo 25 y Levítico 16. De esta manera, ilastérion es el lugar de la propiciación. Además, en Hebreos 2:17 es la palabra iláskomai, la forma verbal del sustantivo ilasmós. La versión King James traduce iláskomai como "hacer reconciliación por"; sin embargo, debería traducirse "propicia". Cristo propicia por nuestros pecados. El asunto de la propiciación se menciona cinco veces en el Nuevo Testamento en relación a Cristo: dos veces se refiere a Cristo mismo como el sacrificio propiciatorio, dos veces se refiere al lugar donde se efectuaba la propiciación, y una vez se refiere a la acción de la propiciación.

Además de estas cinco referencias a la propiciación en el Nuevo Testamento, encontramos la misma raíz usada por el publicano en su oración en el templo (Lc. 18:13). De acuerdo con la versión King James, el publicano oró: "Dios, sé misericordioso para mí". Sin embargo, el griego significa: "Propicia para mí". El publicano realmente estaba diciendo: "Oh Dios, propicia para mí. Soy pecaminoso ante Tus ojos. Yo necesito la propiciación".

¿Cuál es el significado de la propiciación? ¿Cómo la distinguiremos de la redención por una parte y la reconciliación por otra parte? Si leemos el Nuevo Testamento cuidadosamente, descubriremos que la reconciliación incluye a la propiciación. No obstante, hay una diferencia entre ellas. La propiciación significa que tú tienes un problema con otra persona. La has ofendido o bien le debes algo. Por ejemplo, si yo te injurio o aparte de eso estoy en deuda contigo, existe un problema entre nosotros. Debido a este problema o deuda, tú tienes una demanda sobre mí, y a menos que tu demanda sea satisfecha, el problema entre nosotros no puede ser resuelto. De esta manera, es necesaria la propiciación.

La palabra griega ilasmós implica que yo te he ofendido y que ahora estoy endeudado contigo. Hay un problema entre nosotros que estorba nuestra relación. La propiciación, por lo tanto, envuelve a dos partes, una de las cuales ha ofendido a la otra, se ha endeudado a la otra, y debe actuar para satisfacer las demandas de la otra. Si la parte ofensora va a aplacar a la parte ofendida, debe cumplir sus demandas. La Septuaginta usa la palabra ilasmós para la palabra reparación en Levítico 25:9 y en Números 5:8, porque esta palabra griega significa conciliar a dos partes y hacerlas una. Este es un asunto de reparación.

La palabra reparar está compuesta de dos palabras:

"re" y "parar". Podemos escribir la palabra reparación en esta forma: re-paración. Reparación es re-paración. El significado de reparación es traer dos partes a una. Cuando dos partes han sido separadas y buscan estar en unidad, es necesaria la propiciación. Esta es la reparación. La acción de la propiciación es la reparación. La propiciación significa hacernos uno con Dios, porque hubo una separación entre nosotros y Dios. ¿Cuál era el problema que nos mantenía alejados de Dios, que hacía imposible tener comunión directa con El? El problema era nuestros pecados. Nuestros pecados nos mantuvieron lejos de la presencia de Dios, e impidieron que Dios viniese a nosotros. Por lo tanto, necesitábamos la propiciación para aplacar las demandas de Dios. Cristo efectuó esto en la cruz cuando El se ofreció como el sacrificio propiciatorio. En la cruz El propició por nosotros y nos llevó de vuelta a Dios, haciéndonos uno con Dios.

B. La Redención

¿Cuál es la diferencia entre la propiciación y la redención? La palabra redimir significa comprar algo de vuelta que originalmente era tuyo, pero que se había perdido. Este himnario me pertenece. Si el himnario se pierde y pago el precio para comprarlo de vuelta, estaría redimiendo el himnario. De esta manera, la redención significa recuperar a un costo.

Nosotros originalmente pertenecíamos a Dios. Eramos Su posesión. Sin embargo, estuvimos perdidos. No obstante, Dios no renunció a nosotros. El pagó el precio para tenernos de vuelta, recuperándonos a un gran costo. Esta es la redención. Aun después de habernos perdido, El deseaba recobrarnos. Sin embargo, esto no fue fácil de hacer para Dios, porque nuestro estado de perdidos nos envolvió en pecados y en muchas otras cosas que estaban contra Su justicia, Su santidad y Su gloria. Porque estábamos perdidos, teníamos muchos problemas con Dios respecto a Su justicia, Su santidad y Su gloria. Nosotros estábamos bajo una demanda triple: la demanda de la justicia, la santidad y la gloria. Muchos requisitos estaban

puestos sobre nosotros, y era imposible que los cumpliéra-
mos. El precio era demasiado grande. Dios pagó el precio
por nosotros, recuperándonos a un costo tremendo. Cristo
murió en la cruz para efectuar la redención eterna por
nosotros (Gá. 3:13; 1 P. 2:24; 3:18; 2 Co. 5:21; He. 10:12;
9:28). Su sangre ha obtenido la redención eterna para
nosotros (He. 9:12, 14; 1 P. 1:18-19).

C. La Reconciliación

El problema de ser un enemigo es más serio aún que el
problema que necesita a la propiciación. Si yo soy tu
enemigo, la propiciación es inadecuada. Yo necesito la
reconciliación. Los pecadores necesitan la propiciación; los
enemigos necesitan la reconciliación. La enemistad es el
problema más grande entre el hombre y Dios. Cuando
éramos enemigos de Dios, no solamente necesitábamos la
propiciación, sino también la reconciliación. La propiciación principalmente trata con los pecados; la reconciliación
trata con el enemigo así como con los pecados. Por lo tanto,
la reconciliación incluye a la propiciación. Romanos 5 nos
dice que antes de que fuésemos salvos, éramos tanto
pecadores como enemigos. Como pecadores necesitábamos
la propiciación, y como enemigos necesitábamos la reconciliación. En esto radica la diferencia entre la propiciación y
la reconciliación: la propiciación es para los pecados; la
reconciliación es tanto para los pecados como para la
enemistad.

La reconciliación está basada sobre la redención de
Cristo (Ro. 5:10-11) y fue efectuada a través de la
justificación de Dios (2 Co. 5:18-19; Ro. 5:1, 11). Por esto, la
reconciliación es el resultado de la redención con la
justificación.

En los puntos previos principalmente cubrimos la
definición de varios términos: la justicia de Dios, la
justificación, la propiciación, la redención y la reconciliación. Una vez que tenemos la definición adecuada de
estos términos, podemos comprender lo que significa ser
justificado. Ahora trataremos directamente con la justificación.

III. LA JUSTICIA DE DIOS HABIENDO SIDO MANIFESTADA

¿Qué es la justificación? La justificación significa que la justicia de Dios ha sido manifestada. Aunque la justicia de Dios ha existido por siglos, no nos fue manifestada hasta que creímos en el Señor e invocamos Su nombre. Entonces la justicia de Dios nos fue revelada. Cuando la justicia de Dios es revelada, es manifestada. Ella se nos manifiesta cuando creemos en el Señor Jesús. La manifestación de la justicia de Dios se menciona dos veces en el libro de Romanos. Romanos 1:17 dice que la justicia de Dios es revelada procedente de la fe a la fe. La justicia de Dios es manifestada en el evangelio procedente de nuestra fe y a nuestra fe. Luego Romanos 3:21 dice que la justicia de Dios ha sido manifestada fuera de la ley, siendo testificada por la ley y los profetas.

1. Fuera de la Ley

Que la justicia de Dios haya sido manifestada fuera de la ley significa que no tiene nada que ver con la ley. Nunca mezclemos la justicia de Dios con la ley. Deben mantenerse separadas. La justicia de Dios no tiene nada que ver con la ley. Nunca podemos obtener la justicia de Dios yendo a la ley. En cuanto a la justicia de Dios se refiera, la ley está terminada. La ley fue la dispensación antigua. Ahora afuera de la ley, aparte de la ley, la justicia de Dios ha sido manifestada a través de la fe de Jesucristo.

2. Por la Fe de Jesucristo

Los estudiantes de la Biblia tienen gran dificultad con la frase "fe de Jesucristo" (versión Reina Valera 1909, 3:22). Algunos dicen que significa nuestro acto de creer en Jesucristo. Otros discuten que se refiere a la fe de Jesús, que la fe de Jesús llega a ser nuestra. Yo lo pondría en esta forma: el creer genuino es creer en el Señor Jesús por Su fe. Creemos en Jesucristo por Su fe, porque no tenemos fe nuestra. Jesús es el Autor y el Consumador de nuestra fe (He. 12:2). Mientras más nos miramos y nos examinamos a nosotros mismos, más rápido desaparece nuestra fe. La fe no es invención nuestra; nunca puede ser iniciada por nosotros. Es imposible que generemos fe. La fe es un aspecto de Cristo mismo. En efecto, la fe es Cristo. Gálatas 2:20 dice que vivimos por la fe del Hijo de Dios. Yo no vivo por mi fe — no tengo fe mía — sino por la fe del Hijo del Dios viviente que tiene fe y quien El mismo es fe para mí. Si te miras a ti mismo, nunca encontrarás fe, pero si te olvidas de ti mismo y dices: "Oh Señor Jesús, yo te amo", la fe inmediatamente se levantará dentro de ti. Esta fe es la fe de Jesús, o podemos decir que es Jesús creyendo dentro de nosotros. De esta manera, la frase "por la fe de Jesucristo" significa creer en Jesucristo por Su fe.

La justicia de Dios ha sido manifestada aparte de la ley por nuestro creer en Jesucristo por Su fe. Nosotros creemos en Cristo por Su fe, no por la nuestra. Cristo es nuestra fe. Nunca digas que tú no puedes creer, porque puedes creer si quieres. No trates de creer por ti mismo, porque mientras más tratas, menos fe tienes. Simplemente di: "Oh Señor Jesús, yo te amo. Señor Jesús, Tú eres tan bueno". Si haces esto, tendrás fe inmediatamente. Nosotros creemos en Jesucristo por Su fe, y procediendo de esta fe y a esta fe la justicia de Dios se revela a todos los que creen.

3. Satisfaciendo los Requisitos de la Ley Justa de Dios y de la Gloria de Dios

La justicia de Dios ha sido manifestada para satisfacer los requisitos de Su ley justa y de Su gloria (3:23). Cuando creemos en el Señor Jesús, recibimos la justicia de Dios, la cual satisface todos los requisitos de Dios. En Romanos 3 encontramos que los requisitos de Dios son de dos categorías: los requisitos de Su justicia y los de Su gloria. Pablo menciona claramente la ley de Dios y la gloria de Dios. Todos hemos quebrantado la ley, y todos no hemos alcanzado la gloria. Por lo tanto, Romanos 3:23 dice que todos han pecado y no han alcanzado la gloria de Dios.

¿Por qué Pablo menciona repentinamente la gloria de Dios? La respuesta envuelve a la cubierta de la propiciación que se menciona en el versículo 25. Cuando Pablo estaba escribiendo esta parte de Romanos, él probablemente tenía en su mente la descripción del arca del testimonio, especialmente la cubierta de la propiciación. Sobre esta cubierta estaban los querubines de gloria. Como ya hemos señalado, bajo la cubierta estaba la ley exponiendo la pecaminosidad del pueblo y condenándolo, y sobre la cubierta estaban los dos querubines representando la gloria de Dios y observando cada acción del pueblo. Bajo la cubierta estaba la ley que exponía; sobre la cubierta estaban los querubines que vigilaban y observaban. La ley que exponía y condenaba significaba a los requisitos de la justicia de Dios de acuerdo con la ley, y los querubines observadores significaban los requisitos de la gloria de Dios de acuerdo con la expresión de Dios. A menos que estos requisitos fuesen cumplidos y Dios estuviese satisfecho, no había forma para que los pecadores contactaran a Dios y para que Dios se comunicase con ellos. ¡Aleluya por la sangre que expía! La sangre que expía era rociada sobre la cubierta de la propiciación, satisfaciendo los requisitos de la ley justa y de la gloria de Dios.

La propiciación no es una acción solamente; es un lugar. La propiciación es un lugar donde Dios puede encontrarse con el hombre. Bajo la inspiración del Espíritu Santo, Pablo fue valiente para decir que este lugar de propiciación es Jesucristo. Dios ha expuesto a Jesucristo como la cubierta de la propiciación (3:25), y esta cubierta de la propiciación es el lugar de propiciación donde Dios puede encontrarse con el hombre. Este lugar es la Persona de Jesucristo el Señor. Aunque muchos cristianos aman al Señor Jesús y realizan que El es tanto para ellos, puede que no sepan que Cristo es un lugar de propiciación donde Dios puede encontrarse con nosotros, y donde podemos contactar a Dios. Antes de que supiésemos de este lugar, estábamos asustados por el pensamiento de acercarnos a Dios, pero ahora ya no le tenemos miedo. Sobre Cristo como la cubierta de la propiciación podemos encontrarnos con Dios. Este es el significado del escrito de Pablo en Romanos 3. El usó el tipo del arca con su cubierta para mostrar el significado de la justificación.

En este universo el Señor Jesús ha sido expuesto como el lugar de la propiciación, y todos los pecadores pueden venir para encontrar a Dios sobre El. ¿Dónde estamos hoy día? Estamos en el lugar de la propiciación. Sí, tenemos una posición, una base para encontrarnos con Dios, y Dios tiene la misma base para comunicarse con nosotros. ¿Dónde está la ley? La ley está bajo la cubierta de la propiciación; está cubierta por el Cristo propiciador. ¿Dónde está la gloria de Dios? Está sobre nosotros, pero no ha reclamado contra nosotros porque estamos sobre Cristo como el lugar de la propiciación. Aquí estamos justificados. En esta cubierta de la propiciación somos iguales a Dios en Su justicia. Nosotros y Dios nos correspondemos el uno al otro y somos aprobados mutuamente. Nosotros aprobamos a Dios, y Dios nos aprueba a nosotros; Dios nos justifica, y nosotros le justificamos.

¿Tú piensas que es demasiado osado decir que nosotros podemos justificar a Dios? Romanos 3:4 nos da la base para decirlo. Este versículo dice que Dios debe ser justificado en Sus dichos y que debe vencer cuando El sea juzgado. Nosotros podemos justificar a Dios. Yo he hecho esto varias veces. Aunque reconocí que era un pecador, no seguí a Dios ciegamente. Hice todo lo posible para verificar Sus palabras. Con el tiempo, aprobé completamente a Dios como que es recto. No tengamos miedo de estudiar acerca de Dios y de investigarle un poco para ver si es recto. Si le investigas, encontrarás que El es mil por ciento, aun un millón por ciento recto. Tú justificarás a Dios. Sobre Cristo como la cubierta de la propiciación, Dios y nosotros nos aprobamos mutuamente unos a otros.

De acuerdo con nuestra experiencia, no fue Dios quien primeramente nos aprobó, sino que nosotros aprobamos a Dios. No sabemos cuánto tiempo empleó Dios para convencernos de Su justicia. Fuimos rebeldes y dijimos: "No me gusta Dios. Dios no es recto". Todos pensábamos en esta forma antes de que fuésemos salvos. Muchas personas hablan contra Dios diciendo: "Si Dios es recto, ¿por qué hay tanta gente pobre en la tierra? Si Dios es recto, ¿por qué no hay justicia entre las naciones?" Ellos admiten que hay un Dios, pero reclaman que El no es justo. Muchos de nosotros podemos testificar la misma cosa, confesando que pensamos que Dios era incorrecto, que El no era justo. Sin embargo, Dios ha sido paciente con nosotros, haciendo muchas cosas por nosotros hasta que El finalmente nos convenció de Su justicia. ¿Quién justificó a quién primero? Nosotros justificamos primeramente a Dios. Cuando fuimos convencidos por Dios de Su justicia, le justificamos y lloramos en arrepentimiento, diciendo: "Dios, perdóname. Yo soy tan pecaminoso e inmundo. Necesito Tu perdón". Cuando invocamos el nombre del Señor Jesús, fuimos puestos no solamente en Cristo, sino sobre Cristo. Ahora estamos sobre Cristo como nuestro lugar de la propiciación donde Dios y nosotros podemos justificarnos unos a otros. Nosotros declaramos: "Dios, Tú eres justo. Yo no tengo problema contigo". Entonces Dios replica: "Hijo querido, Yo tampoco tengo problema contigo". Primeramente, nosotros aprobamos a Dios; luego Dios nos aprobó a nosotros. Nosotros justificamos a Dios; luego Dios nos justificó a nosotros. Todo esto sucedió sobre Cristo como el lugar de propiciación. Bajo El la ley está cubierta, y sobre El los querubines están gozosos cuando ven la justificación mutua que ocurre sobre El como la cubierta de la propiciación.

¿Dónde estamos ahora? Estamos sobre Jesucristo como el lugar de la propiciación. Estamos en la cubierta de la propiciación. La ley está bajo nuestros pies, y la gloria de Dios está satisfecha sobre nuestra cabeza. La ley ha sido silenciada; ya no puede hablar contra nosotros, pero la gloria de Dios puede regocijarse sobre nosotros con satisfacción. Aquí sobre la cubierta de la propiciación disfrutamos la justificación plena de Dios.

IV. LA JUSTICIA DE DIOS HABIENDO SIDO MOSTRADA

1. A los Santos del Antiguo Testamento

La justicia de Dios fue mostrada a los santos del Antiguo Testamento cuando Dios pasó por alto sus pecados. Pablo usa este término "pasar por alto" en

Romanos 3:25. Durante los tiempos del Antiguo Testamento, los pecados del pueblo no habían sido quitados, sino solamente cubiertos por la sangre que expiaba. Sus pecados no fueron llevados hasta que Jesucristo murió en la cruz. "He aquí el Cordero de Dios, que quita el pecado del mundo" (Jn. 1:29). Antes de que el Señor Jesús muriera en la cruz, todavía permanecían los pecados de los santos del Antiguo Testamento, aunque estaban cubiertos con la sangre del tipo de Cristo. Dios tuvo que pasar por alto los pecados de ellos porque El es justo. La sangre del tipo de Cristo fue derramada en la presencia de Dios, y el Dios justo estuvo obligado a pasar por alto todos los pecados cubiertos por aquella sangre. Al pasar por alto aquellos pecados cubiertos, Dios expuso Su justicia.

Permitidme ilustrar. Supongamos que yo debo a una cierta persona un billón de dólares. Aunque para mí es imposible pagar esta cantidad, estoy atado por esa persona para pagarle. Sin embargo, yo tengo un amigo que es billonario. Mi amigo procede para decir a ambas partes que no hay problema, que él mismo pagará la deuda completa, y escribe una nota promisoria como evidencia. Una vez que la nota promisoria ha sido entregada y aceptada, yo debo ser liberado debido a la justicia. Del mismo modo, los santos del Antiguo Testamento debían a Dios una cantidad tremenda, pero había una nota promisoria — la sangre del sacrificio expiatorio rociada sobre la cubierta de la propiciación — la cual garantizó que Cristo vendría para quitar los pecados. Esta nota promisoria cubrió todos los pecados de los santos del Antiguo Testamento. Cristo redimió la nota promisoria cuando murió en la cruz y pagó el precio completo. Por lo tanto, debido a Su justicia, Dios tuvo que pasar por alto los pecados de ellos. Al hacerlo así, El ha mostrado Su justicia a los santos del Antiguo Testamento. Este es el significado de Romanos 3:25.

2. A los Santos del Nuevo Testamento

La justicia de Dios ha sido mostrada a los santos del Nuevo Testamento cuando Dios los justificó. Dios nos ha justificado gratuitamente por Su gracia a través de la redención en Cristo y a través de la fe de Jesús (3:24, 26). Ya que Cristo ha pagado el precio por nuestros pecados y ha efectuado la redención completa para satisfacer todos los requisitos de Dios, Dios, a fin de que Él sea justo, debe justificarnos. En el lado de Dios la justificación es por Su justicia; en nuestro lado la justificación es por Su gracia gratis como se compara con la justificación por el trabajo de la ley. Para ser justificados por el trabajo de la ley necesitamos trabajar, pero para ser justificados por la redención en Cristo no hay necesidad de nuestro trabajo; es dada gratuitamente por Su gracia. Nosotros no la merecemos. Pero Dios está atado por Su justicia para justificarnos debido a la redención de Cristo, la cual satisface todos Sus requisitos. De esta manera, Dios ha mostrado Su justicia a los santos del Antiguo Testamento al pasar por alto los pecados de ellos, y a los santos del Nuevo Testamento al justificarlos. Los tratos de Dios con nosotros hoy, no son simplemente para pasar por alto nuestros pecados, sino para justificarnos. Dios nos ha justificado.

V. LA JACTANCIA ESTANDO EXCLUIDA

Debido a esto, la jactancia está excluida. Ninguno de nosotros tiene nada de lo cual jactarse. No hemos sido justificados por la ley de las obras, sino por la ley de la fe (3:27). Esta fe no se origina con nosotros; es del Cristo viviente.

VI. UN DIOS JUSTIFICANDO A DOS PUEBLOS

Dios es uno. Este único Dios justifica tanto a los judíos como a los gentiles (3:30). Él es el Dios tanto de los judíos como de los gentiles (3:29). Al decir esto Pablo pavimenta el camino para el Cuerpo de Cristo. Si los tratos de Dios con la gente difirieran de un grupo a otro, sería difícil tener la vida del Cuerpo. Sin embargo, Dios tiene una forma de tratar con toda la gente, y este único Dios con Su única forma reúne a los diferentes pueblos como uno. Ya seamos judíos o gentiles, es el único Dios quien nos justifica a todos. Entre nosotros tenemos varios hermanos y hermanas judaicos, y Dios los ha justificado en la misma forma como nos ha justificado a nosotros, los gentiles. El único Dios nos ha justificado a todos nosotros para que seamos uno como el Cuerpo de Cristo.

Dios justifica a la circuncisión fuera de la fe, y a la incircuncisión por la fe. Observemos las preposiciones: los judíos, la circuncisión, son justificados fuera de la fe; los gentiles, la incircuncisión, son justificados por la fe. ¿Qué quiere decir esto? Los judíos tienen una posición delante de Dios como Su pueblo. A pesar de su incredulidad y suciedad aparente, los judíos todavía tienen la posición como pueblo de Dios. Debemos reconocer esto y ser cuidadosos de cómo nos referimos a los judíos, porque Dios dirá de ellos: "Son Mi pueblo". El tener la posición como pueblo de Dios hace una gran diferencia, y necesitamos respetarla. En Génesis 12:3 Dios prometió a Abraham, el antepasado de los judíos, que cualquiera que le bendijera sería bendecido por Dios, y que cualquiera que le maldijera sería maldecido por Dios. Dios continúa cumpliendo Génesis 12:3. Cualquiera que toque a los judíos en la forma de la maldición, será maldecido. Por todos los 25 siglos pasados no ha habido excepción: cada individuo y nación que ha maldecido a los judíos ha sido maldecido, y todos los que han bendecido a los judíos han sido bendecidos.

Aunque hoy día los judíos no son condicionalmente rectos con Dios, todavía son el pueblo de Dios posicionalmente. En otra parte en Romanos Pablo dice que la selección de Dios es irrevocable (11:28-29). El pueblo judaico es la selección de Dios, y la selección de Dios es eterna. Sin considerar cuán incrédulos sean los judíos en el presente, todavía son el pueblo de Dios posicionalmente. Por lo tanto, cuando Dios justifica a los judíos, los justifica fuera de la fe, no por la fe. ¿Por qué no es por la fe? Porque los judíos ya tienen la posición. Sin embargo, cuando Dios justifica a los gentiles, Él debe justificarlos por la fe porque están a gran distancia de Dios. Hay una gran distancia entre los gentiles y Dios. Ya que los judíos, la circuncisión, ya tienen la posición, ellos son justificados fuera de la fe; ya que los gentiles están a una gran distancia de Dios, ellos son justificados por la fe. Es por la fe que los gentiles alcanzan la posición correcta. En ambos casos es un asunto de fe.

Un Dios nos justifica a todos. Tanto los judíos como los gentiles están bajo un Dios y en un camino. La palabra de Pablo en Romanos 3:29-30 prepara el camino para el Cuerpo de Cristo en el capítulo 12. Ya seamos creyentes judaicos o creyentes gentiles, somos un Cuerpo en Cristo bajo la única economía del único Dios.

ESTUDIO-VIDA DE ROMANOS

MENSAJE SEIS

EL EJEMPLO DE LA JUSTIFICACION

Yo amo el libro de Romanos porque fue escrito en una forma sólida y substancial. Aunque este libro cubre muchas doctrinas, realmente fue escrito de acuerdo con hechos y experiencias. El libro de Romanos está basado sobre la experiencia. La justificación parece ser un asunto doctrinal, pero el apóstol Pablo, junto con la doctrina de la justificación, nos da un ejemplo viviente de ella: la persona de Abraham (4:1-25). En este mensaje consideraremos a Abraham, el ejemplo de la justificación. El es nuestro modelo, nuestro ejemplo. El nombre Abraham significa "padre de una multitud". De acuerdo con las Escrituras, Abraham fue el padre tanto de los judíos como de los gentiles creyentes (Ro. 4:11-12, 16-17; Gá. 3:7-9, 29). Cualquiera que sea de la fe, si es judío o gentil, es un descendiente de Abraham.

I. EL LLAMADO

Abraham fue el llamado. Adán fue creado, pero Abraham fue llamado. Hay una gran diferencia entre ser creado y ser llamado. El libro de Génesis está dividido en dos secciones principales: la primera sección cubre los primeros diez y medio capítulos y relata la historia de la raza creada, con Adán como el padre y la cabeza; la segunda sección cubre desde la mitad del capítulo once hasta el final del libro y relata la historia de la raza llamada, con Abraham como el padre y la cabeza. La historia de la raza creada, como se registró en Génesis, culmina en la edificación de la torre y de la ciudad de Babel (Babilonia en griego). Los nombres de los ídolos estaban escritos sobre esta torre, significando que toda la raza creada se había vuelto a la idolatría. De esta manera, Pablo dice que la raza humana había cambiado a Dios por los ídolos (1:23, 25).

Pablo escribió Romanos 1 de acuerdo con la historia narrada en Génesis. Empezando con el tiempo de Caín, el hombre desaprobó el mantener a Dios en su conocimiento pleno y renunció a El. La humanidad abandonó a Dios y edificó la ciudad de Enoc, la primera cultura humana, como se registró en Génesis 4. Con aquella cultura la raza humana descendió a la corrupción, y permaneció en un estado de corrupción hasta que el diluvio vino como el juicio de Dios sobre ellos. Por la misericordia de Dios, ocho personas fueron salvas por medio del arca, la cual tipificó a Cristo. El número ocho es el número de la resurrección, indicando que estas personas fueron salvas y preservadas en resurrección. En un sentido, Noé fue la cabeza de una nueva raza. Sin embargo, no mucho tiempo después los descendientes de Noé también renunciaron a Dios en Babel en Génesis 11. Cuando ellos cambiaron a Dios por los ídolos, el abandono de Dios fue completo. El abandono de Dios no fue completado antes del diluvio; fue completado después por los descendientes de Noé, que cayeron en la idolatría.

La fornicación siguió a la idolatría. Después de Babel, emergió Sodoma. Sodoma fue una ciudad de fornicación. En el idioma español tenemos las palabras sodomía y sodomitas, las cuales significan los actos más vergonzosos de fornicación. Los habitantes de Sodoma violaron su propia naturaleza y causaron gran confusión. En el tiempo de Génesis 19, la raza humana, la cual había cambiado a Dios por los ídolos, había caído en la sodomía. Como un resultado, brotó todo tipo de perversidad.

Este fue el trasfondo de Romanos 1. Romanos 1 fue escrito de acuerdo con la historia de la caída humana: el desaprobar de tener a Dios, el cambiar a Dios por los ídolos, el caer en fornicación, y el producir todo tipo de perversidad.

Durante el proceso terrible de la caída, la humanidad cambió a Dios por los ídolos y le abandonó completamente. En respuesta, Dios también abandonó a la humanidad. Dios pareció decir: "Ya que me habéis abandonado, os dejaré ir". La raza creada abandonó a Dios, y Dios abandonó a la raza creada.

Sin embargo, Dios llamó fuera de esta raza a un hombre con su esposa. Dios no tuvo la intención de llamar a una tercera persona. Su intención fue llamar a una persona completa, la cual incluye a un hombre y una esposa. Si tú eres un hombre soltero, estás incompleto. Sin tu esposa, eres una persona incompleta; tú la necesitas para complementarte. Juntos sois una entidad completa. Por lo tanto, Dios llamó a Abraham con su esposa como una persona completa.

Podemos pensar de nosotros mismos que no somos muy absolutos para Dios. Sin embargo, Abraham, nuestro padre creyente y modelo, no fue absoluto en sí mismo. Cuando él fue llamado por Dios para dejar Ur de los caldeos, no solamente llevó a su esposa, sino también a otros parientes.

Dios llamó a Abraham apareciéndosele como el Dios de la gloria (Hch. 7:2-3). Dios no le llamó por simples palabras: Él le llamó por Su gloria. Abraham vio la gloria de Dios y fue atraído.

Nuestra experiencia es la misma. En un sentido, también hemos visto la gloria de Dios. Cuando oímos el evangelio y nos penetró, vimos la gloria de Dios. ¿Tú no viste la gloria de Dios en el momento en que fuiste salvo? Yo la vi cuando era un hombre joven ambicioso. No tenía la intención de recibir a Dios, pero cuando el evangelio penetró dentro de mí no pude menos que decir: "Dios, yo te quiero". No podría negar que la gloria de Dios se me había aparecido. Tal experiencia es indefinible. Las palabras humanas no pueden describir adecuadamente lo que vimos cuando el evangelio penetró nuestro ser. Solamente podemos decir que el Dios de la gloria se nos apareció, atrayéndonos y llamándonos. Nosotros, como Abraham, fuimos llamados por el Dios de la gloria.

Abraham fue lo mismo que somos nosotros. No debemos pensar que somos diferentes que él. No debemos apreciar a Abraham y despreciarnos a nosotros mismos, porque todos estamos en el mismo nivel. Todos somos Abraham. Abraham no fue sobresaliente. Cuando oí la historia de Abraham cuando era niño, pensé que era extraordinario.

Sin embargo, cuando leí la Palabra años más tarde, realicé que hay poca diferencia entre Abraham y yo, que somos casi lo mismo. Aunque Abraham había sido llamado por Dios, no tuvo la valentía de dejar la tierra de la idolatría, obligando a Dios a usar al padre de Abraham para sacarlo de Ur. Abraham fue el llamado, pero su padre inició la partida real. Ellos dejaron Ur de los caldeos y habitaron en Harán. Sin embargo, cuando Abraham todavía no era lo suficientemente valiente para seguir a Dios en forma absoluta, Dios fue obligado a tomar a su padre. Su padre murió en Harán, y Dios llamó a Abraham por segunda vez.

El primer llamamiento de Abraham está registrado en Los Hechos 7:2-4; el segundo llamamiento se encuentra en Génesis 12:1. Debemos observar la diferencia entre estos dos llamados. De acuerdo con Los Hechos 7:2, Dios llamó a Abraham fuera de dos cosas: su país y su parentela. De acuerdo con Génesis 12:1, otro ítem está agregado: la casa de su padre. El primer llamado solicitó a Abraham que dejase su país y su pueblo; el segundo llamado le solicitó que dejara su país, su parentela y la casa de su padre. Abraham y su esposa tenían que salir solos. Dios se llevó al padre de Abraham y El no quería que tomase a ningún otro pariente con él.

Si consideramos lo que hizo Abraham, realizaremos que no somos los únicos que no son absolutos en obedecer al llamado del Señor. Nuestro padre Abraham fue el primero en seguir a Dios sin ser absoluto. El se sintió solo. No quería partir por sí mismo. De esta manera, tomó a su sobrino Lot con él. Esto violó el llamado de Dios. Aunque Abraham respondió al llamado del Señor, su respuesta, por lo menos en parte, desobedeció ese llamado. Del mismo modo, casi todos nosotros hemos respondido al llamado de Dios; pero en nuestra respuesta actuamos contrario a Su llamado. Ninguno de nosotros ha respondido al llamado de Dios en una forma absoluta. No obstante, Dios es absoluto. Sin considerar cuán poco absolutos somos, Dios cumplirá Su llamado.

Abraham amó a Lot. Dios lo usó para disciplinar a Abraham. Eventualmente, Lot fue separado de Abraham y

Abraham siguió el llamado de Dios absolutamente. El ya no tuvo a su padre ni a su sobrino. Estaba solo con su esposa. Había dejado su país, su parentela y la casa de su padre. Sin embargo, Abraham tenía que dejar una cosa más: a él mismo. El se mantenía en sí mismo.

Sabemos que Abraham todavía se adhería a sí mismo por su reacción a la sugerencia de Sara de que tuviese un niño de Agar. Aunque esta proposición fue hecha con una intención buena, estaba contra el llamado de Dios. Abraham debería haber ejercitado el discernimiento, y no debería haber escuchado a su esposa. La sugerencia de Sara fue una prueba para probar que Abraham permanecía en su viejo yo, que aquella parte de él todavía estaba en la vieja creación. La intención de Dios, sin embargo, era llamar a Abraham completamente fuera de cada parte de la vieja creación: no solamente fuera de su país, de la parentela y de la casa de su padre, sino también fuera de él mismo. Parecía que Dios estaba diciendo a Abraham: "Tú no debes hacer nada. Debes salir fuera de ti mismo. Yo haré todo por ti. Pero no puedo hacer nada mientras tú permanezcas en ti mismo". No obstante, Abraham actuó sobre la proposición de Sara, y el resultado fue Ismael. Ese fue un error muy serio, y los judíos continúan sufriendo por él. ¿Por qué Abraham cometió tal error? Porque todavía estaba en sí mismo. El había abandonado muchas otras cosas, pero no se había abandonado a sí mismo.

¿Cuándo Abraham se dejó a sí mismo? El se abandonó a sí mismo cuando tenía cien años de edad, en cuyo momento se consideró prácticamente muerto. Sin duda, toda persona muerta ha salido de sí misma. A la edad de cien años, Abraham se miró y dijo: "Yo estoy terminado. Estoy prácticamente muerto". Romanos 4:19 dice: "Al considerar su cuerpo, que estaba ya como muerto". Esto indicó que finalmente había salido de sí mismo. El había llegado a ser una persona totalmente llamada. ¿Tú has sido llamado? Aunque eres una persona llamada, todavía no te has abandonado a ti mismo.

Como hemos visto, la raza creada había degenerado a tal grado que ellos cambiaron a Dios por los ídolos. Dios era incapaz de hacer algo con ellos. En cuanto a Dios se refiere, la raza creada bajo la supremacía de Adán estaba desahuciada, y El renunció a ella completamente. Sin embargo, fuera de esa raza creada y caída Dios llamó a Abraham para ser el padre y la cabeza de una nueva raza, la raza llamada. ¿A cuál raza pertenecemos nosotros: a la raza creada o a la raza llamada? Nosotros pertenecemos a la raza llamada. Sin embargo, somos iguales a nuestro padre Abraham. Nosotros, tal como él, estamos reaccionando al llamado del Señor paso a paso, no absolutamente. Todos estamos en el proceso de responder al llamado de Dios. Sin considerar cuán débil seas, estoy seguro que eventualmente serás llamado. No obstante, debes apresurar tu llamamiento y abandonar todo lo que no es Dios mismo. Mientras más rápido te muevas, mejor. Yo te encorajo a apresurarte. Sal fuera de todo lo que no es Dios.

II. EL CREYENTE

La raza llamada llega a ser la raza creyente. Abraham primero fue un llamado, luego un creyente. El había abandonado todo y no tenía forma de continuar, excepto confiar en Dios. El confió en Dios porque no sabía adónde estaba yendo. Dios solamente le había dicho que dejase su país, su parentela y la casa de su padre. El no le dijo a Abraham adónde estaba yendo, obligándole a confiar en Dios. Abraham pudo decir: "Yo simplemente confío en Dios. Voy adónde El me guíe". Si estudiamos la historia de Abraham, aprenderemos que su vida fue una vida confiadora, una vida creyente. Dios no esperaba que Abraham hiciese algo. Dios parecía decirle: "Abraham, tú has sido llamado por Mí. No hagas nada. Yo haré todo por ti. Sólo quédate conmigo. Cuando Yo me mueva, tú te mueves. Debes ir adondequiera que Yo vaya. No hagas nada para ti mismo o por ti mismo". Esto es lo que significa confiar en Dios.

Muchas personas tienen la impresión errada de que creer en el Señor Jesús es decir simplemente: "Señor Jesús, yo creo en Ti. Te tomo como mi Salvador". Esto está correcto, pero las implicaciones son trascendentes. Significa que debemos terminarnos a nosotros mismos, admitiendo que no somos nada, que no tenemos nada, y que no podemos hacer nada. En cada paso y en cada momento debemos confiar en El. Yo no sé cómo hacer las cosas; solamente sé cómo confiar en mi Señor. He sido llamado fuera de todo lo que no es Dios, y ahora creo en todo lo que es Dios. Creo en El y creo en todo lo que ha efectuado para mí. Creo en lo que El puede hacer por mí y en lo que hará por mí. Pongo mi confianza plena en El. Este es el testimonio de la raza llamada y creyente. Como hijos de Abraham, el padre creyente, somos un pueblo creyente (Gá. 3:7-9).

1. El Dios que Llama a las Cosas que No Son como que Son

¿En qué tipo de Dios creyó Abraham? ¿Quién es el Dios en quien creemos? El Dios en quien Abraham creyó era el Dios que llama a las cosas que no son como que son (4:17). El Dios de Abraham llama a las cosas que no existen como que existen, significando que El crea las cosas desde la nada. Dios es el Creador. Abraham creyó en tal Dios y aplicó este Dios a su situación. En un sentido, Abraham era incapaz de producir un heredero. No obstante, Dios llamó a Isaac a la existencia. Aunque Isaac no tenía ser, Dios le llamó a la existencia. Cuando Isaac no tenía existencia y cuando no había posibilidad de que él existiera, Dios declaró: "Habrá un Isaac". Isaac nació; Dios había llamado algo que no era como que era. Nosotros debemos creer en el mismo Dios, porque El es el Creador todopoderoso que llama a las cosas que no existen como que existen.

2. El Dios que Da Vida a los Muertos

El Dios en quien Abraham creyó era el Dios que da vida a los muertos (4:17). Esto significa que Dios puede resucitar a los muertos. Abraham experimentó esto cuando Dios le pidió que ofreciera a Isaac. Abraham obedeció. Cuando Abraham ofreció a Isaac, él creyó que Dios le levantaría de los muertos (He. 11:17-19). El creyó que Dios daría vida a su hijo y que él tendría a su hijo de nuevo en resurrección.

Nosotros necesitamos creer en el Señor Jesús en la misma forma. Creemos en Dios el Creador, quien llama a las cosas que no son como que son. También creemos en El como el dador de vida, como el que puede levantar a los muertos. El puede crear desde la nada, y puede dar vida a los muertos.

Podemos aplicar esto a la vida de la iglesia. Tú puedes sentir que la situación en tu iglesia local es pobre. Sí, es muy pobre; en efecto, no es nada. Debes decir al Señor: "Señor, entra para llamar a las cosas que no son como que son". Quizás emigres a una cierta localidad y encuentres que es un lugar lleno de muerte. Esa es la razón por la cual Dios te envió. Debes creer en El como el que da vida a los muertos.

En 1949 yo fui enviado a Taiwán. Pensaba que esa isla era una región atrasada. Yo había estado viviendo y trabajando en Shanghai, la ciudad más grande en el Lejano Oriente, donde la obra del Señor era fuerte. Mil santos se estaban reuniendo. Teníamos diecisiete casas para las reuniones y cuatro publicaciones. Repentinamente fui removido de China continental y enviado a la pequeña isla de Taiwán. Cuando examiné la situación, estaba profundamente desilusionado. No podía hacer nada y no quería hacer nada. No tenía apetito por trabajar en tal país atrasado con su pueblo pobre. Yacía en la cama y miraba al cielo raso, diciéndome: "¿Qué estás haciendo aquí? ¿Por qué viniste aquí?" Entonces me volví a mi esposa y pregunté: "¿Por qué vinimos? ¿Qué podemos hacer?" Estaba muy perturbado, y mi esposa no tenía palabra para ayudarme. Un día, el Dios que llama a las cosas que no son como que son y que da vida a los muertos tocó mi corazón, diciéndome que no estuviese desilusionado. Después de eso, fui cargado por la obra en Taiwán. En menos de cinco años crecimos en número desde trescientas cincuenta personas hasta veinte mil. Durante el primer año crecimos casi treinta veces. Muchos que fueron salvos durante ese tiempo ahora son colaboradores.

Debemos creer en el Dios que llama a las cosas que no son como que son y que da vida a los muertos. No estés

desilusionado por la situación en tu localidad. No digas
que todo está pobre y muerto. Tal lugar es el lugar correcto
para ti y el lugar correcto para Dios. ¿Es pobre? Tú tienes
un Dios rico que llama a las cosas que no son como que
son. ¿Está muerto? Tienes un Dios viviente que da vida a
los muertos. Tu situación da una oportunidad para que
Dios entre e imparta vida a los muertos. No te quejes.
Invócale y cree en El. No estés desilusionado con tu
situación familiar. No digas que tu esposa es pobre o que tu
marido está muerto. Mientras más digas que tu esposa es
pobre, peor es ella. Mientras más digas que tu marido está
muerto, peor es él. Debes declarar: "Mi esposa es pobre,
pero mi Dios no es pobre. Mi marido está muerto, pero mi
Dios no está muerto. El Dios en quien yo creo es el Dios que
crea cosas desde la nada y que da vida a los muertos. Mi
Dios no da vida a los vivientes; El da vida a los muertos.
Mi situación es una oportunidad excelente para Dios".

III. SU FE CONTADA COMO JUSTICIA

Este tipo de fe es contada por Dios como justicia (4:3,
22). Mientras más creemos de este modo en Dios, más
grande es la sensación de que Dios está contento con
nosotros. Esta es la justicia de Dios contada a nosotros
como el resultado de nuestra fe. Como vimos en el último
mensaje, la fe es el Cristo viviente mismo. Cuando Cristo
entra en nosotros como el Creyente, El es nuestra fe.
Entonces Dios cuenta nuestra fe como justicia. De esta
manera, nosotros tenemos tanto la fe como la justicia. Esto
significa que estamos ganando más de Cristo. Le tenemos
como nuestra fe y nuestra justicia. El es la fe por la cual
creemos en El y la justicia que Dios nos cuenta. El es
nuestro todo. Mientras más creemos en El, más ganamos
de El. Mientras más creemos en El, Dios nos da más de El.

IV. LA CIRCUNCISION RECIBIDA COMO UN SELLO

La fe contada a Abraham como justicia no dependió de
la forma externa de la circuncisión, porque la circuncisión
vino más tarde. Abraham recibió la señal de la circuncisión
como un sello de la justicia de la fe, la cual él tenía

mientras estaba en la incircuncisión (4:11). La circuncisión, como una forma externa, fue un sello de la realidad interna. Si no tenemos la realidad, debemos olvidar la forma externa. Si tenemos la realidad, ocasionalmente podemos necesitar una forma externa como el sello. La circuncisión fue tal sello para Abraham. Además, fue un sello para los gentiles creyentes, la incircuncisión, de quienes Abraham también fue el padre.

V. HECHO EL PADRE DE LA FE

Por lo tanto, Abraham llegó a ser el padre de la fe (Ro. 4:16; Gá. 3:7-9, 29). El fue el padre de la incircuncisión, quienes tienen la misma fe (4:11), y de la circuncisión, quienes caminan en los pasos de la misma fe (4:12). Abraham fue el padre de dos grupos de personas: los judíos creyentes y los gentiles creyentes. Si tú crees en el Señor, Abraham es tu padre. Todos los creyentes en Cristo son sus descendientes.

VI. LA PROMESA DADA PARA EL Y SU DESCENDENCIA PARA SER LOS HEREDEROS DEL MUNDO

La promesa fue dada a Abraham y a su descendencia, para que sean los herederos del mundo (4:13). Este es un asunto grande. Abraham y sus descendientes han heredado a Dios, y ellos también heredarán el mundo. Dejemos que otras personas peleen por el control del mundo. El mundo será nuestro. Después que las guerras estén terminadas, Dios dirá: "Que Mi pueblo tenga el mundo". Esta promesa no fue dada a través de las obras de la ley, sino a través de la justicia de la fe. ¿Quién heredará la tierra? Aquéllos que han sido llamados y creen en el Señor Jesús, los que tienen a Cristo como su fe y como su justicia. Estemos seguros de que el mundo será nuestro. No necesitamos pelear ni esforzarnos. Simplemente necesitamos creer en los hechos poderosos de Dios. Cada día yo leo las noticias internacionales para ver lo que Dios está haciendo, especialmente en el Medio Oriente. Es maravilloso estar viviendo en esta época, una época de la actividad de Dios. Dios no solamente está actuando a favor de los judíos, sino también a favor nuestro. Un día el mundo pertenecerá a todos los herederos creyentes de Abraham.

¿Tú crees esto? Yo tengo la confianza completa de que un día heredaremos la tierra. Debemos esperar heredar el mundo. La Biblia nos asegura que heredaremos el mundo. Cristo mismo está ansioso de volver y de recuperar la tierra. El está mucho más interesado en la tierra que en los cielos. El Señor regresará para tomar la tierra no solamente para El mismo, sino también para nosotros. Somos los herederos de la promesa y heredaremos el mundo.

VII. LA PRUEBA DE LA JUSTIFICACION DE DIOS

La prueba de la justificación de Dios es el Cristo resucitado (4:22-25). Me gusta el himno que dice:

Padre Dios, Tú has aceptado
    A Jesús como nuestro Substituto;
Juzgado el Justo por los injustos,
    ¿Tú podrías cambiar Tu actitud?
Como una prueba de la justicia perfecta,
    En Tu propia diestra El se sienta;
El, como Tu satisfacción plena,
    Rectamente a Tu necesidad conviene.

De esta manera, el Cristo resucitado que se sienta a la diestra de Dios es la evidencia de que hemos sido justificados. La muerte redentora de Cristo, como la base para que Dios nos justifique, ha sido aceptada plenamente por Dios, y Cristo ha sido resucitado de los muertos como una prueba de esto. Esta es la prueba de la justificación que Dios nos ha dado.

La muerte de Cristo ha cumplido plenamente y ha satisfecho los requisitos justos de Dios, de modo que somos justificados por Dios a través de Su muerte (3:24). Su resurrección es una prueba de que Dios está satisfecho con Su muerte por nosotros, y que nosotros estamos justificados por Dios debido a Su muerte, y que en El, el Resucitado, somos aceptados delante de Dios. Y no sólo eso, sino, como el Resucitado, El también está en nosotros para vivir por nosotros una vida que pueda ser justificada por Dios, y que siempre sea aceptable a Dios. Por lo tanto, Romanos 4:25 dice que El fue levantado debido a nuestra justificación.

ESTUDIO-VIDA DE ROMANOS

MENSAJE SIETE

LA EXPERIENCIA SUBJETIVA
DE LA JUSTIFICACION

(1)

LA EXPERIENCIA DE DIOS
EN LA JUSTIFICACION

Romanos 4 es un capítulo profundo. No debemos entenderlo sólo en una forma superficial. Si entramos en las profundidades de este capítulo, veremos que revela que la justificación adecuada y viviente es la obra más profunda de Dios en llamar a las personas caídas fuera de todo lo que es diferente de Dios, y traerlas de vuelta a El mismo. Dios creó al hombre por El mismo y para El mismo. Sin embargo, el hombre cayó. El significado de la caída del hombre es mantenerse alejado de Dios por algo que no es Dios. El hombre que había sido creado para Dios cayó lejos de Dios a otras cosas. No importa si una cosa es buena o mala. Mientras no sea Dios y mantenga alejado al hombre de Dios, constituye una caída. En la justificación de Dios, Dios llama al hombre caído fuera de todo de vuelta a El mismo. Por lo tanto, cuando Dios llamó a Abraham, El no le dijo adónde debería ir, porque Su intención era traer a Abraham de vuelta a El mismo. Momento a momento y paso a paso, el corazón de Abraham tenía que unirse a Dios. El tenía que confiar en Dios para cada movimiento, sin dejar Su presencia ni por un momento. En otras palabras, Abraham tenía que ser uno con Dios.

Después que Dios llamó a Abraham fuera de Ur de los caldeos, Dios entrenó a Abraham para que creyese en El. Como hemos visto, creer en Dios significa creer dentro de Dios y hacernos uno con Dios. En este tipo de creer, un hombre admite que él es nada, que no tiene nada, y que no puede hacer nada. El está de acuerdo en que debe ser terminado. De este modo, creer en Dios quiere decir terminarnos y permitir que Dios sea nuestro propio ser, permitir que Dios sea todo lo que nosotros debemos ser. Desde el momento en que creemos por primera vez en El, no debemos ser nada. Debemos estar completamente terminados y debemos permitir que Dios sea todo en nosotros. Este es el significado exacto de la circuncisión. Aun es inadecuado pedir al Señor que circuncide nuestro corazón, porque la circuncisión profunda y adecuada es terminarte tú mismo y permitir que Dios sea el todo.

Cuando una persona ha sido llamada por Dios en esta forma, el Dios viviente se transfunde dentro de ella. Esta palabra transfunde es importante en describir lo que sucede en el llamamiento de Dios. El Dios viviente se transfunde espontáneamente dentro del llamado. Como un resultado, él es atraído por Dios y para Dios. Inconscientemente, algún elemento, alguna esencia del Dios viviente es transfundida dentro de él, y reacciona a Dios creyendo en El. Esta reacción es la fe.

Cuando tú oíste el evangelio de gloria respecto al Señor Jesús, te arrepentiste. Esto significa que Dios te llamó fuera de toda otra cosa que El mismo. En ese momento, aun sin que lo supieras, el Cristo viviente en Su evangelio de gloria se transfundió dentro de ti (2 Co. 4:4). Algún elemento de Cristo penetró tu ser, y fuiste atraído hacia El. Reaccionaste a El, y tu reacción espontánea fue tu creer, tu fe. El Cristo que se transfundió dentro de ti llegó a ser tu fe. Por lo tanto, la fe no se origina con nosotros; viene desde Dios. La fe no está separada de Cristo, porque realmente es Cristo mismo transfundiéndose dentro de nosotros y produciendo una reacción dentro de nosotros.

Nuestro creer es un eco. ¿Cómo puede haber un eco sin un sonido? Es imposible. Cristo es el sonido. Cuando este sonido alcanza nuestro corazón y nuestro espíritu, causa una reacción, un eco. Esta reacción es nuestra apreciación de y la fe en el Señor Jesús. Esta fe realmente es Cristo mismo dentro de nosotros respondiendo al evangelio. Por lo tanto, esta fe nos es contada por Dios como justicia. Cuando Cristo se transfundió dentro de ti, hubo una

reacción dentro de ti: el creer. Después que creíste en el
Señor, Dios reaccionó para ti, contando tu fe, la cual es
Cristo, como justicia. Nosotros no encontramos esta experiencia en la Biblia si leemos superficialmente, pero si
examinamos las profundidades de las Escrituras, la
encontramos allí. Es como si Dios nos dijera: "Pobre
pecador, tú no tienes justicia. Mientras Yo, el Dios viviente,
estoy hablando contigo, Mi esencia está siendo transfundida dentro de ti. Esto te causará reaccionar a Mí en la fe, y
Yo te contaré esta fe como justicia". Cuando Dios hace esto
para nosotros, tenemos una reacción apreciativa y amorosa
hacia El. Esta reacción es nuestra fe, una fe que no se
origina con nosotros, sino que es la esencia del Cristo
viviente dentro de nosotros. Esta fe regresa a Dios,
causando una reacción en Dios hacia nosotros: la justicia
de Dios es contada como nuestra, y tenemos algo que
nunca tuvimos antes. Esta es nuestra experiencia de Dios
en la justificación.

De esta manera, tenemos la justicia de Dios, la cual es
Cristo. Isaac fue un tipo de Cristo. Abraham, nuestro padre
creyente, recibió la justicia de Dios y de Isaac. Del mismo
modo, nosotros hemos recibido tanto la justicia de Dios
como la de Cristo, el Isaac presente. Esta es una experiencia
de Dios llamando las cosas que no son como que son.
Cuando llegamos a Dios en el día en que fuimos salvos, no
teníamos nada. No obstante, Dios se nos apareció y llamó
las cosas que no son como que son. Antiguamente, no
teníamos la justicia de Dios; después de unos pocos
minutos la tuvimos. Antes de ese tiempo, no teníamos a
Cristo; después de unos pocos minutos le tuvimos.

Una vez que tengamos una experiencia de la justicia de
Dios y de Cristo, la guardaremos como un tesoro sin precio.
Nosotros proclamaremos: "Yo tengo la justicia de Dios.
Tengo a Cristo". Sin embargo, un día Dios intervendrá y
dirá: "Ofrece esto sobre el altar". ¿Tú lo harás? Ni uno de
entre cien cristianos está dispuesto. En cambio ellos dicen:
"Oh Señor, no me pidas que haga esto. Yo haría cualquier
otra cosa, pero no esto". No obstante, debemos recordar las
reacciones que van y vienen entre el hombre y Dios. La

justicia de Dios y la de Cristo son nuestras; éstas vinieron como la reacción de Dios a nuestra fe. Ahora debemos devolver esta reacción a Dios ofreciéndosela a El. Después que reaccionamos en esta forma, Dios reaccionará otra vez. La primera reacción de Dios fue llamar a las cosas que no son como que son. Su segunda reacción es dar vida a los muertos. Esto es profundo.

De acuerdo con Romanos 4, el resultado máximo de estas series de reacciones es el Cristo resucitado. Este Cristo resucitado ahora está en los cielos como una prueba fuerte de que Dios ha sido satisfecho, y de que nosotros hemos sido justificados. El Cristo resucitado está en el tercer cielo a la diestra de Dios como evidencia concluyente de que todos los requisitos de Dios han sido satisfechos, y que hemos sido completa y adecuadamente justificados. Sin embargo, este Cristo resucitado no está solamente en los cielos, sino también dentro de nosotros para impartir la vida para que tengamos una vida de justificación. Por lo tanto, la justificación no es simplemente un asunto posicional; llega a ser un asunto disposicional. La muerte de Cristo nos dio una justificación posicional, y el Cristo resucitado en los cielos es una prueba de esto. Ahora el Cristo resucitado también vive dentro de nosotros, reaccionando dentro de nosotros y viviendo una vida de justificación disposicional. Eventualmente, somos justificados tanto en la posición como en la disposición. No tenemos solamente una justificación objetiva, sino una justificación subjetiva también. Ahora podemos vivir tal justificación subjetiva y disposicional.

Esta justificación es la circuncisión real y viviente. ¿Qué es la circuncisión? La circuncisión significa terminarnos a nosotros mismos y entrar en Dios: ella nos termina y germina a Dios dentro de nosotros. Los judíos no se preocupan por la realidad interior de la circuncisión; ellos solamente se preocupan por la forma exterior, por la práctica de cortar un pedazo de carne. Esto no es la circuncisión ante los ojos de Dios. Ante los ojos de Dios, la circuncisión significa cortarte, terminarte, y permitir a Dios que germine dentro de ti para ser tu vida para que tengas un nuevo principio. Esta circuncisión es el sello externo de la justificación real e interna.

Abraham experimentó a Dios como el que llama a las cosas que no son como que son. Por el nacimiento de Isaac, Abraham experimentó a Dios en esta forma. Además, por la resurrección de Isaac, Abraham experimentó a Dios como el que da vida a los muertos. Hay dos tipos de Isaac: el primero es el Isaac nacido; el segundo es el Isaac resucitado. El Dios en quien Abraham creyó tenía estos dos aspectos. El creyó en el Dios que llama a las cosas que no son como que son y que da vida a los muertos.

Sin considerar quiénes somos o la situación en la cual nos encontramos, la condición humana general es la de no ser. Esto quiere decir que nada existe. La segunda condición general de cada uno y de todo es la falta de vida. De esta manera, la situación global del hombre tiene dos aspectos: la nada y la falta de vida. La situación verdadera de todos nosotros es la nada y la falta de vida. Pero el Dios en quien creyó nuestro padre Abraham y en quien también creemos nosotros, es el Dios que llama a las cosas a la existencia desde la nada. Cuando decimos: "Nada", El dice: "Algo". Cuando decimos: "No ser", El dice: "Ser". No digas que la iglesia en cierto lugar es pobre. Puede que sea pobre ante tus ojos, pero no ante los ojos del Dios en quien creyó Abraham. Dios puede decirte: "Tú dices que no existe nada. Después de un minuto, Yo llamaré algo a la existencia". Supongamos que no existiera la persona de James Barber. Si Dios quisiera a un James Barber, El simplemente llamaría: "James Barber", y James Barber empezaría a existir. Esto quiere decir que Dios llama a las cosas que no son como que son. Cuando Dios dijo a Abraham: "Tu descendencia será como las estrellas del cielo", nada existía en aquel momento en cuanto a los descendientes de Abraham se refiera. Ni aun había un descendiente. No obstante, Dios hizo tal declaración respecto a la descendencia de Abraham, y Abraham creyó. Aproximadamente un año más tarde, empezó a existir el primer descendiente de Abraham: nació Isaac. Por el nacimiento de Isaac, Abraham experimentó a Dios como el que llama a las cosas que no son como que son.

Sin embargo, ésta es solamente la mitad de la experiencia de Dios, porque Abraham también experimentó a Dios como el que da vida a los muertos. Cuando Abraham recibió a Isaac de vuelta después de ofrecerle a Dios sobre el altar, él experimentó a Dios dando vida a los muertos. Puede que exista una iglesia en cierta localidad, pero que sea bastante muerta. No seas rápido para hacer un juicio, porque Dios da vida a los muertos. Cuando una iglesia está muerta, provee una excelente oportunidad para que el Dios en quien creyó Abraham entre e imparta la vida a esa iglesia muerta.

EL PROPOSITO DE DIOS EN LA JUSTIFICACION

El entendimiento común de la justificación entre la mayoría de los cristianos es éste: nosotros somos pecaminosos, Dios es justo y santo, y no hay forma en que le contactemos o que El nos contacte. De esta manera, Cristo murió en la cruz y efectuó la redención derramando Su sangre. Bajo Su sangre somos redimidos, y Dios tiene una posición justa para justificarnos. Todo esto está absolutamente correcto. Sin embargo, el apóstol Pablo no concluyó la sección sobre la justificación en este punto, el cual se alcanza al final del capítulo 3. Cuando yo estudiaba el libro de Romanos cuando era un joven cristiano, pensaba que el capítulo 4 era innecesario. Me parecía que la justificación había sido cubierta completamente al final del capítulo 3, que el capítulo 5 debería haber sido conectado al capítulo 3, y que el capítulo 4 debería haber sido eliminado. Más tarde realicé que el apóstol Pablo no fue así de superficial. Su interés fue más profundo que la redención: él se preocupó acerca del propósito de Dios. La redención no es el propósito de Dios; es un proceso para alcanzar el propósito de Dios. En Romanos 3 vemos a la redención produciendo la justificación de Dios, pero no vemos el propósito de Dios. ¿Cuál fue el propósito de Dios en la justificación? Al responder a esta pregunta, Pablo usó la historia de Abraham como un ejemplo, como una descripción para explicar lo que las palabras humanas no pueden explicar. Si estudiamos la descripción en el capítulo 4, realizaremos que es más hondo, más profundo y más trascendente que el capítulo 3.

Nosotros pensábamos que la justificación era simplemente un asunto relacionado a los pecados. Sin embargo, cuando leemos Génesis 15 donde la fe de Abraham fue contada por Dios como justicia, no encontramos mención del pecado. El pecado no estaba envuelto. El interés estaba sobre una semilla que llegaría a ser un reino para el cumplimiento del propósito de Dios. Abraham no fue llamado por Dios simplemente porque Dios tuvo misericordia de su condición pecaminosa. Dios no dijo: "Abraham, tú eres tan despreciable. Yo no quiero que vayas al infierno. En Mi misericordia vengo para llamarte fuera de tu estado caído". Ese no fue el asunto en absoluto. En Génesis 1 se nos dice que Dios hizo al hombre en Su propia imagen para expresarle, y que este hombre era un hombre corporativo, no un hombre individual. Dios creó a un hombre corporativo que incluyó tanto al varón como a la hembra. De acuerdo con Génesis 5:2, tanto Adán como Eva fueron llamados Adán, significando que Dios creó a un hombre corporativo para expresarle y ejercitar Su dominio. En otras palabras, Dios quería tener un reino como una esfera en la cual expresara Su gloria. Aunque éste era el propósito de Dios, el hombre cayó lejos de él. Una vez que el hombre volvió la espalda a Dios, habiendo sido distraído del propósito de Dios y habiendo sido ocupado con otras cosas, cayó profundamente en el pecado. No obstante, el envolvimiento en Génesis 15 no es el pecado, sino cómo puede ser cumplido el propósito de Dios. No es una cuestión de ser salvado, sino de efectuar el propósito de Dios. Mientras tú estés envuelto en el cumplimiento del propósito de Dios. serás salvado.

El cristianismo es superficial, ocupándose de la salvación del hombre, no del propósito de Dios. La justificación de Dios no es primariamente para la salvación del hombre; es para el cumplimiento de Su propósito. ¿Por qué Dios te ha escogido? El no te escogió primariamente para la salvación; El te escogió para Su propósito. ¿Por qué Dios te ha llamado? El no te ha llamado para el cielo. El te ha llamado para el cumplimiento de Su propósito. Mientras tú estés envuelto con el propósito de Dios, tu salvación está segura. Sin embargo, si solamente te preocupas por tu salvación, puede que no des en el blanco del propósito de Dios. La salvación no es un fin en sí misma; es para el propósito de Dios. De esta manera, la justificación de Dios es para el cumplimiento de Su propósito.

No hay mención del pecado en Génesis 15. Dios dijo a Abraham: "Mira los cielos y cuenta las estrellas. Tu descendencia será como las estrellas en el cielo". Abraham creyó, y su fe fue contada por Dios como justicia. La justificación de Dios para Abraham no estuvo relacionada al pecado. Estuvo totalmente envuelta con el propósito de Dios, al tener una descendencia para producir un reino para el cumplimiento del propósito de Dios. Es por esto que el apóstol Pablo en Romanos 4, después de referirse a Génesis 15 donde la fe de Abraham fue contada como justicia, menciona la promesa dada a Abraham y a su descendencia de heredar el mundo (4:13). ¿Qué tiene que ver el heredar el mundo con la justificación? ¿Por qué Pablo menciona esto en el capítulo 4? Abraham y sus herederos deben heredar el mundo por el bien del reino de Dios, y el reino de Dios es para Su propósito. Romanos 4 nos dice que la justificación de Dios no es para irse al cielo ni simplemente para nuestra salvación. La justificación capacita a Abraham y a todos sus herederos creyentes para heredar el mundo y ejercer el dominio de Dios sobre esta tierra, como se mencionó en Génesis 1. Si solamente tuviésemos Romanos 3, diríamos que la justificación de Dios, basada en la redención de Cristo, es para nuestra salvación. El capítulo 4, sin embargo, devela claramente que la justificación de Dios de Sus escogidos no es simplemente para su salvación; es expresamente para que ellos hereden el mundo para que ejerzan el dominio de Dios sobre la tierra.

EL RESULTADO DE LA EXPERIENCIA SUBJETIVA DE LA JUSTIFICACION

De acuerdo con Génesis 15:6, Abraham creyó la palabra

de Dios acerca de que su descendencia sería como las estrellas del cielo, y Dios contó la fe de Abraham como justicia. Aunque Abraham recibió la justicia de Dios en ese momento, él no realizó mucho acerca de ella. Esa justicia era abstracta, no sólida ni concreta. Puede haber sido poco más que un término para Abraham.

En Génesis 16 encontramos el nacimiento de Ismael. Aunque Dios había contado la justicia a Abraham, Abraham no tenía nada concreto. De esta manera, Sara propuso que él tuviese un hijo por Agar, y Abraham usó su propia fuerza para producir a Ismael. Posicionalmente hablando, Abraham tenía la justicia de Dios: disposicionalmente hablando, no la tenía. El solamente tenía a Ismael. Por lo tanto, Dios intervino y pareció decir: "Abraham, tú debes ser completo. Yo soy un Dios completo. Debes creer Mi palabra y confiar en Mí. Yo conté tu fe como justicia para ti. No debes actuar por ti mismo para producir a Ismael para cumplir Mi propósito. Esto no es lo que te he contado. Ismael no es la justicia que te he contado. Debes detener tu acción. Como un recordatorio para ti, quiero que seas circuncidado". La circuncisión entró simplemente porque Abraham actuó por sí mismo para cumplir la justicia de Dios. Gálatas 4 nos dice que Agar tipifica a la ley. La producción de Ismael por Agar significa tener las obras de la ley, obras que no son la justicia de Dios. Abraham tenía que aprender a terminarse a sí mismo, a cesar de su propia energía, y a ser circuncidado.

En Génesis 17 Dios habla acerca de Isaac, prometiendo hacer Su pacto con él. En la tipología, Isaac tipifica a Cristo como la justicia de Dios contada a los creyentes por la fe. En Génesis 15 Abraham tuvo la justicia de Dios posicionalmente. Cuando Isaac nació, tuvo la justicia de Dios disposicionalmente. El tuvo una experiencia real de la justicia de Dios.

El entendimiento de muchos cristianos es bastante superficial. Ellos dicen: "Nosotros somos pecaminosos. Cristo murió por nosotros. Si creemos en El, bajo Su sangre Dios nos dará Su justicia y nos justificará". De acuerdo con este concepto, la justicia es simplemente posicional y objetiva. Sin embargo, de nuestras experiencias podemos realizar que la misma justicia que nos fue contada en el momento en que creímos fue Cristo. Isaac fue un tipo de Cristo. Ya que Isaac tipifica a Cristo, podemos decir que Isaac fue nuestra justicia. Eventualmente, la justicia de Dios no es un término abstracto, sino una persona, el Cristo resucitado. Este Cristo resucitado llega a ser nuestro Isaac presente. Aunque recibimos la justicia de Dios en el día en que creímos, no realizamos que esta justicia realmente era Cristo, el Hijo de Dios.

Inmediatamente después de recibir a Cristo, determinamos hacer actos buenos para Dios. Esto significa que nos casamos con Agar y produjimos a Ismael. Recordemos que Ismael tipifica a la obra de la ley. Aunque hicimos una obra buena, Dios diría: "Echa fuera a Ismael. Yo no quiero eso. Tú debes ser tratado y puesto en la cruz. Debes ser terminado. Debes ser cortado. Debes ser circuncidado. Necesitas a Mi Hijo como la justicia viviente de Dios para que nazca en ti y aparezca procediendo de ti". En esta forma, tenemos una experiencia genuina de la justicia de Dios y somos justificados disposicional así como posicionalmente.

Después que Abraham recibió a su Isaac, estuvo completamente satisfecho con él. Del mismo modo, cuando tenemos una experiencia de Cristo individualmente, estamos muy satisfechos con El diciendo: "Hace unos pocos años yo conocía solamente la justicia de Dios. Nunca experimenté que la justicia de Dios es Cristo mismo. Ahora experimento y disfruto a Cristo como la justicia de Dios". Sin embargo, mientras tú estás disfrutando a tu Cristo individual, Dios aparece, como lo hizo a Abraham, diciendo: "Ofréceme a tu Isaac". Quizás el Señor te dirá que vayas a la iglesia. Esto te perturba. Tú respondes: "Yo no me preocupo por la iglesia. Mientras tenga mi experiencia de Cristo, ¿no es eso suficiente?" Este tipo de respuesta prueba que tú eres renuente a presentar a tu Isaac sobre el altar. Sin embargo, si ofreces a tu Isaac individual a Dios, Dios reaccionará para ti una vez más, y miles de Isaac regresarán a ti. Abraham ofreció a un Isaac, pero en cambio él recibió a miles de descendientes. Estos descendientes formaron el reino, la nación de Israel, para el propósito de ejercer el dominio de Dios. Es por esto que Pablo dijo que Abraham y sus herederos heredarán la tierra.

Aquí está implicada la vida del Cuerpo. En el capítulo 12 encontramos al Cuerpo: "Así nosotros, siendo muchos, somos un cuerpo en Cristo". En el capítulo 14 Pablo interpreta al Cuerpo como que es el reino de Dios, diciéndonos que debemos recibir a todos los hermanos por el bien del reino de Dios. Romanos 14:17 dice que el reino de Dios es justicia, paz y gozo en el Espíritu Santo. La vida del Cuerpo es el reino de Dios para el cumplimiento del propósito de Dios.

Un día el Dios de gloria vino a nosotros a través de la predicación del evangelio. Fuimos atraídos, convencidos, y empezamos a apreciarle. Durante aquel tiempo, el Dios de gloria transfundió algún elemento de Su ser divino dentro de nosotros, y creímos en El espontáneamente. Luego dijimos: "Oh Dios, yo soy un pecador. Te agradezco porque Tu Hijo Jesucristo murió en la cruz por mí". Fuimos capaces de decir esto porque el Cristo viviente había trabajado dentro de nosotros para ser nuestra habilidad creyente. Después de eso, si alguien nos hubiese aconsejado contra el creer en Cristo, habríamos encontrado imposible no creer en El. Nada puede quitar esta creencia de nosotros, porque es realmente el Cristo viviente trabajando en nosotros y reaccionando a Dios. Inmediatamente después que reaccionamos a Dios en esta forma, El reaccionó para nosotros, justificándonos. Entonces tuvimos el sentido de que estábamos perdonados y justificados por Dios. Tuvimos paz y gozo. Después de esto, todos determinamos hacer el bien: portarnos bien, amar a nuestras esposas y someternos a nuestros esposos. Todo lo que produjimos fue Ismael. Entonces realizamos que necesitábamos ser terminados, ser circuncidados, para que Dios pudiese trabajar en nosotros para producir al Isaac actual, quien es Cristo, la realidad de la justicia de Dios. Una vez que tenemos a este Cristo, debemos ofrecerle a Dios para que le recibamos de vuelta en resurrección. El resultado de esto es el reino, la vida de la iglesia. Esto es el Cuerpo de Cristo.

Pablo escribió Romanos 4 porque quería mostrar que la justificación de Dios es para el cumplimiento de Su propósito. El propósito de Dios es tener al único Cuerpo, el cual es el reino, para expresarle y ejercitar Su dominio sobre la tierra. Por lo tanto, Romanos 4 pone el fundamento para Romanos 12—16, donde vemos la vida del Cuerpo, la vida de la iglesia y la vida del reino prácticas.

ESTUDIO-VIDA DE ROMANOS

LA EXPERIENCIA SUBJETIVA
DE LA JUSTIFICACION

(2)

Cuando Pablo escribió el libro de Romanos, debe haber tenido el Antiguo Testamento a la vista. En Romanos 1 encontramos una referencia clara al libro de Génesis. La frase: "Las cosas invisibles de El desde la creación del mundo, siendo aprehendidas por las cosas hechas, son vistas claramente" (lit.), se refiere a Génesis 1. Las "cosas invisibles", significando a los atributos de Dios, pueden ser aprehendidas de la creación. De esta manera, Pablo empezó el libro de Romanos con una alusión al primer capítulo de Génesis. Además, la relación de Pablo de la condenación sobre la humanidad sigue a las etapas de la caída del hombre registradas en Génesis. En Génesis 4, Caín abandonó a Dios, desaprobando el mantenerle en su entendimiento. Por el tiempo de Génesis 1, la raza caída entera había cambiado a Dios por los ídolos. Ellos cambiaron al Dios de gloria por los ídolos de la vanidad, y degeneraron en la fornicación y la confusión, las cuales fueron manifestadas al extremo en Sodoma. Esto resultó en la práctica de toda maldad imaginable. Pablo usó esta historia de la raza corrompida como el trasfondo para la sección sobre la condenación de la humanidad. En Romanos 3 Pablo alude a la descripción del arca con su cubierta cuando retrata a Cristo como el lugar de la propiciación. Por lo tanto, Romanos 3 también fue escrito con el Antiguo Testamento a la vista. Además, cuando Pablo llegó a la conclusión de la justificación, empleó la historia de Abraham como un ejemplo pleno. La historia de Abraham proporciona un modelo completo de la justificación genuina y subjetiva de Dios. Si solamente tuviésemos la enseñanza de Pablo en Romanos 3, nunca podríamos apreciar las profundidades de la justificación de Dios. Solamente tendríamos la semilla de la justificación sin el meollo.

LA TRANSFUSION DE DIOS

Siento la necesidad de compartir más acerca de la experiencia subjetiva de la justificación. En mi espíritu estoy cargado para que Romanos 4 sea abierto completamente al pueblo del Señor. Como ya he dicho, Romanos 4 es un capítulo profundo, mucho más profundo de lo que realizamos. Presenta la experiencia de Abraham con Dios. Abraham es un ejemplo de la experiencia de los llamados de Dios con Dios. Nosotros no tenemos el lenguaje humano adecuado para describir tal experiencia. Después de considerar este asunto muy seriamente, he seleccionado la palabra transfundir para ayudarnos a entender la interacción entre Dios y el hombre.

La aplicación de la electricidad depende del fusible, y podemos decir que el poder de la electricidad se aplica a través del fusible. Esto es la transfusión. La electricidad celestial está lejos en los cielos, pero el lugar donde esta electricidad debe aplicarse está aquí sobre la tierra. Si esta electricidad divina va a venir a nosotros, necesitamos una transfusión. De esta manera, Dios se transfunde dentro de nosotros. Una vez que tengamos esta transfusión, experimentaremos una infusión espiritual mientras la esencia de Dios infiltra nuestro ser. Esta infusión del elemento de Dios nos saturará y nos penetrará. La transfusión trae a la infusión, y esta infusión nos penetra con el elemento de Dios.

LA FE COMO UNA REACCION

Esta penetración causa una reacción. Las virtudes espirituales y los atributos divinos que han sido transmitidos dentro de nosotros reaccionarán dentro de nosotros. La primera reacción es creer. Esto es nuestra fe. Esta es la definición más alta de la fe. La fe no es nuestra habilidad o virtud naturales. La fe es nuestra reacción hacia Dios, la cual resulta del transfundir de Dios mismo dentro de nosotros y del infundir de Sus elementos divinos dentro de nuestro ser. Cuando los elementos de Dios penetran nuestro ser, reaccionamos a El, y esta reacción es la fe. La fe no es una virtud humana; es absolutamente una reacción causada por una infusión divina, la cual satura y penetra nuestro ser. Una vez que tenemos tal fe, nunca podemos perderla. Es más profunda que nuestra sangre, porque ha sido infundida dentro de nosotros y constituida dentro de nuestro ser. Aunque tratemos de no creer, nunca podemos tener éxito. Esto es lo que la Biblia quiere decir por creer en Dios.

Si mi memoria es precisa, Pablo nunca usa el término "por la fe en Jesús". Sin embargo, por lo menos dos o tres veces él menciona "la fe de Jesús", una frase que perturba a la mayoría de los traductores. Algunos, encontrando difícil definir tal frase, han cambiado la preposición desde "de" a "en". Si cambiamos la preposición, la frase se leerá "fe en Jesús" y significará que creemos en Jesús por nosotros mismos. Este no es el significado de Pablo. Pablo quiere decir que creemos en el Señor Jesús por medio del Señor Jesús mismo como nuestra fe. Ya que no tenemos la habilidad para creer, debemos tomar a Cristo como nuestra habilidad creyente. Necesitamos creer en el Señor Jesús por Su fe. Yo he tratado de entender esto por casi cuarenta años. En el pasado expliqué la fe como Cristo trabajándose dentro de nosotros. Esa fue la mejor definición que tuve en el momento. Sin embargo, en los pocos días pasados el Señor me ha dado un término mejor: la fe es nuestra reacción a Dios producida por Su transfusión, Su infusión y Su saturación.

EL PROCESO DE LA TRANSFUSION

¿Cómo se efectúa esta transfusión? Dios, como la electricidad celestial, viene a Sus escogidos. Por ejemplo, Dios vino a Abraham al aparecérsele. Si estudiamos Génesis 11 al 24, incluyendo el registro en Los Hechos 7, encontramos que Dios se apareció a Abraham varias veces. Los Hechos 7:2 dice que el Dios de la gloria se apareció a

Abraham. Es seguro que Abraham fue atraído por el aparecimiento del Dios de la gloria. Ser atraído simplemente quiere decir que Dios se transfundió dentro de Abraham sin que lo realizara o estuviese consciente de ello. Esto es similar al tratamiento del radio practicado en la medicina moderna. El paciente es puesto bajo los rayos X, inconsciente de los haces que lo están penetrando. Dios es el radio más fuerte. Si nos sentamos con El por una hora, se transfundirá dentro de nosotros. Esta transfusión causará la infusión, la saturación y la penetración.

LA TRANSFUSION EN EL EVANGELIO

En cualquier predicación correcta del evangelio debe haber tal transfusión, la transfusión de Cristo dentro de la gente. ¿Cómo Cristo puede ser transfundido dentro de nosotros? Es por la predicación del evangelio. Cuando prediquemos el evangelio de Jesucristo en una forma normal, habrá un aparecimiento del Cristo viviente, y este aparecimiento transfundirá a Cristo dentro de la gente.

Yo puedo confirmar esto por mi propia experiencia. Aunque nací en China y aprendí las enseñanzas de Confucio, Confucio no tuvo atracción para mí. El cristianismo como una religión tampoco me atrajo. Cuando tenía diecinueve años de edad, el Señor envió a una hermana joven a mi pueblo para que predicara el evangelio. Yo estaba curioso por verla. Cuando me senté en el lugar de reunión y oí su canto y su habla, apareció la gloria de Dios, y fui atraído. Nadie tuvo que convencerme para creer. Mientras la escuchaba, Dios se transfundió dentro de mí, y esta transfusión me arrolló y me conquistó, causando una reacción muy positiva. Al salir de la sala de reunión y al andar a lo largo del camino, levanté mis ojos a los cielos y dije: "Dios, Tú sabes que yo soy un hombre joven ambicioso. Pero, aun si la gente me prometiera todo el mundo para que fuese mi imperio, lo rehusaría. Yo quiero tomarte. Desde este día hacia adelante quiero servirte. Me gustaría ser un pobre predicador yendo de aldea en aldea, diciendo a la gente cuán bueno es Jesús". En esta forma el Jesús viviente fue transfundido dentro de mi ser. Inmediatamente reaccioné a Dios, y Dios reaccionó de vuelta a mí. Mi reacción a Dios fue mi creer en El. Esa fue mi fe. La reacción de Dios de vuelta a mí fue para justificarme, para darme Su justicia con la paz y el gozo. La justicia de Dios reaccionó para mí, y desde ese momento en adelante tuve aquella justicia. Cristo fue hecho la justicia de Dios para mí. De esta manera tuve paz y gozo, y fui lleno de esperanza. Yo había sido justificado por Dios. Dios me había llamado fuera de toda otra cosa que El mismo.

Una vez que Cristo se ha transfundido dentro de ti, tú nunca puedes escapar; debes creer en El. Yo estoy familiarizado con muchos casos que ocurrieron bajo mi propia predicación del evangelio. Algunas personas dijeron: "Simplemente no sé lo que me sucedió. Después que escuché a aquel predicador por primera vez y llegué a casa, dije que no quería nada con Cristo, que no me gustaba Jesús. Pero algo entró en mí. Yo traté de echarlo fuera, pero no pude hacerlo. Aunque no quiero regresar, algo dentro de mí me urge a ir a oírle una y otra vez". ¿Qué es esto? Esto es el efecto del transfundir de Cristo dentro de la gente. Procediendo de esta transfusión viene una reacción: creer en Jesús por la fe de Jesús.

EL APARECIMIENTO DE DIOS A ABRAHAM

Dios se apareció a Abraham una y otra vez. Muchos de nosotros hemos sostenido un concepto incorrecto acerca de Abraham, el concepto de que fue un gigante en la fe. Cuando oí esto como un joven cristiano, estuve asustado, pensando en mí mismo: "Olvídate de eso. Yo nunca puedo ser un gigante de la fe". Más tarde, cuando consideré la historia de Abraham, realicé que no fue el gigante de la fe. El único gigante de la fe es Dios mismo. Dios, como el gigante de la fe, se transfundió dentro de él. Después que Abraham hubo pasado un tiempo en la presencia de Dios, no pudo menos que creer en El, porque había sido transfundido con Dios. De esta manera, Abraham fue atraído hacia Dios y reaccionó a El al creer. Su reacción fue su creer. Supongamos que un hombre pobre hubiese visitado a Abraham y le hubiese dicho: "Abraham, yo sé que tú no tienes un hijo. El próximo año te capacitaré para que tengas un hijo nacido de tu esposa". Abraham habría alejado a tal hombre de él, diciéndole que no hablara tonterías. ¿Realmente quién apareció a Abraham? El Dios de la gloria. El incidente en Génesis 15 no fue el primer aparecimiento de Dios para él. Lo precedieron otros varios aparecimientos.

El primer aparecimiento fue aquél registrado en Los Hechos 7. Dos aparecimientos más se encuentran en Génesis 12: en el primero de éstos (vv. 1-3) Dios dijo a Abraham que dejara su tierra, su parentela y la casa de su padre; en el segundo (vv. 7-8) Dios prometió a Abraham dar la tierra a su descendencia. Después de esto, Abraham, quien tenía poca experiencia en creer, cayó a Egipto. El cuarto aparecimiento de Dios a Abraham fue en Génesis 13:14-17, cuando dijo a Abraham que levantara sus ojos y mirara la tierra en cada dirección. Por lo tanto, el aparecimiento de Dios en Génesis 15:1-7 fue el quinto; no era nada nuevo para Abraham. Dios se había aparecido a Abraham repetidamente, y Abraham había experimentado las riquezas del aparecimiento de Dios, llegando a tener confianza en ellos. Durante los primeros cuatro aparecimientos, el elemento de Dios había sido transfundido e infundido dentro del ser de Abraham. Cuando Dios se apareció a Abraham, Él no lo dejó repentinamente. Se quedó con Abraham por un período de tiempo. ¿Cuánto tiempo permaneció Dios con Abraham en Génesis 18? Se quedó con él por cerca de medio día, conversando con él por horas como con un amigo íntimo. A través de toda aquella visitación Abraham fue infundido con Dios. Durante el quinto aparecimiento (Gn. 15) Dios dijo a Abraham que el número de su descendencia sería como las estrellas del cielo. A causa del quinto aparecimiento, Abraham experimentó tal rica infusión de Dios, que él creyó. "Creyó Abraham a Dios, y le fue contado por justicia" (Ro. 4:3; Gn. 15:6).

La fe de Abraham no procedió de su habilidad natural, y no se originó con él mismo. Su creer en Dios fue una reacción al radio celestial, una respuesta a la infusión divina. Hablando figurativamente, el creer de Abraham fue simplemente Dios trabajando como el radio dentro de él. ¿Cuál es la fe correcta? La fe genuina es el trabajo de Dios dentro de nosotros. Es por esto que Dios contó la fe de Abraham como justicia. Parecía que Dios estaba diciendo: "Esta fe es algo mío. Me corresponde. Esta es la justicia de Abraham delante de Mí". ¿Qué era aquella justicia? Era la justicia de Dios.

LA EXPERIENCIA ADICIONAL DE ABRAHAM

Esta palabra divina en la Biblia es profunda, y somos incapaces de entenderla si sólo la leemos superficialmente. Abraham recibió el elemento de Dios por un proceso de infusión divina. Aunque la justicia había sido contada a Abraham, él todavía no había experimentado aquella justicia en una forma sólida y concreta. Del mismo modo, podemos tener a Cristo como nuestra justicia sin experimentarle realmente en una forma substancial. En el momento en que le invocamos, recibimos a Cristo, y Cristo fue hecho nuestra justicia. Sin embargo, Cristo todavía debe llegar a ser nuestra experiencia. De esta manera, necesitamos a Sara.

Sara tipifica a la gracia. Agar, la concubina de Abraham, tipifica a la ley (Gá. 4:22-26). Tenemos a Cristo dentro de nosotros, pero nos falta la experiencia de este Cristo. ¿Quién puede ayudarnos con la experiencia? Sara. Recordemos que Sara tipifica a la gracia de Dios. No trabajes con la ley yendo a Agar, sino coopera con la gracia yendo a Sara. Si tú te unes a Sara, experimentarás a Cristo como tu justicia. No vayas a la ley y no prepares tu mente para hacer lo bueno. Necesitamos recordar la propia experiencia de Pablo como se detalla en Romanos 7: "El querer el bien está en mí, pero no el hacerlo". Si tú deseas hacer lo bueno, significa que estás volviendo a la ley. Si determinas honrar a tus padres, amar a tu esposa o someterte a tu esposo, estás volviendo a la ley y casándote con Agar. El resultado de esta unión siempre es un Ismael. Sin embargo, si te unes a la gracia, esta unión producirá a Cristo, el Isaac real.

Isaac significa la experiencia sólida de la justicia que
Dios había contado a Abraham. En el día en que tú creíste
en el Señor Jesús, Cristo te fue dado e infundido dentro de
ti. Respondiste en fe, y tu fe fue contada por Dios como tu
justicia. En esta forma, Dios hizo a Cristo tu justificación,
tu justicia. Sin embargo, en ese momento no tuviste la
experiencia real. Después que fuiste salvo, fuiste a Agar, a
la ley, preparando tu mente para hacer lo bueno. A un
cierto grado tuviste éxito, pero el resultado fue Ismael.
Ahora debes unirte a la gracia de Dios, a Sara. Con Sara
tendrás una experiencia genuina del Cristo que ya has
recibido.

En la tipología, la justicia que Dios contó a Abraham
fue Isaac. De acuerdo con Génesis 17:21, Dios vino a
Abraham y dijo: "El próximo año en este tiempo Sara dará
a luz un hijo" (lit.). En Génesis 18:10 Dios reiteró esta
palabra en una forma ligeramente diferente: "El próximo
año en este tiempo Yo volveré, y Sara tendrá un hijo" (lit.).
Si ponemos estos versículos juntos, realizaremos que el
nacimiento de Isaac fue realmente la venida de Dios.
Desafortunadamente, la traducción Reina Valera oscurece
estos dos versículos, usando la frase "tiempo de la vida".
La traducción correcta de esta frase se encuentra en la
versión New American Standard, la cual dice: "El próximo
año en este tiempo". El Señor dijo a Abraham que el
nacimiento de Isaac el próximo año sería la venida de
Dios. Por lo tanto, el nacimiento de Isaac fue extraordinario:
fue la venida de Dios.

LA EXPERIENCIA DEL CREYENTE

Podemos aplicar todo esto a nuestra experiencia. En la
predicación del evangelio, por medio del aparecimiento y la
transfusión de Cristo, reaccionamos a Dios al creer con
Cristo como la fe. Entonces Dios nos contó esta fe de vuelta
como nuestra justicia, la cual fue una experiencia real de
Cristo en el momento de nuestra salvación. Eso fue un
regreso de Cristo, una venida adicional de Cristo a
nosotros después que reaccionamos a Dios al creer con El
como nuestra fe. Como un resultado del aparecimiento de

Cristo y de Su transfusión divina, El llegó a ser nuestra fe, reaccionando a Dios. Esta fe nos fue contada de vuelta por Dios como justicia, y el Cristo adicional nos llegó a ser la justicia de Dios. Por una venida adicional de Cristo a través de la gracia de Dios, tuvimos a Cristo como nuestra justicia ante Dios. Podemos resumir el proceso en esta forma: en Su aparición y Su transfusión Cristo llegó a ser nuestra fe hacia Dios, y en cambio Cristo llegó a ser la justicia de Dios para nosotros. Entonces Cristo llegó a ser nuestra experiencia.

Además, no solamente tenemos a Cristo como la justicia de Dios contada a nosotros, sino que también tenemos la experiencia de Cristo como nuestro Isaac. Nosotros atesoramos esta experiencia, manteniéndola como querida y preciosa y apreciándola como a nuestro unigénito.

EL CUMPLIMIENTO DEL PROPOSITO DE DIOS PARA LA SATISFACCION DE DIOS

Entonces puede que Dios aparezca de nuevo y pregunte: "¿Tú estás dispuesto a continuar conmigo? ¿Quieres disfrutar Mi aparecimiento adicional? Si quieres, debes renunciar a Isaac. Renuncia a lo que te he dado. No arrojes a Isaac, sino ofrécemelo. Trae al mismo Cristo a quien has experimentado, ponlo sobre Mi altar, y ofrécemelo para que Yo esté satisfecho. Tu experiencia de Cristo ha llegado a ser tu porción y te satisface. Ahora te solicito que me ofrezcas esta porción para que Yo esté completamente satisfecho". ¿Tú harás esto? De cien cristianos que han tenido este tipo de experiencia, ni uno lo hará. Todos replicarán: "¿Cómo puedo renunciar a mi querida y preciosa experiencia de Cristo? Es incorrecto que me pidan que renuncie a esto. Yo nunca estaré de acuerdo con esto". Sin embargo, a todo el que se le ha pedido que ofrezca a Dios su experiencia de Cristo como Isaac, y estuvo renuente a hacerlo, fue amortecido en su vida espiritual. A tales personas Dios les parece decir: "Ya que atesoráis vuestra experiencia de Isaac y no me la daréis, la dejaré con vosotros. Yo no puedo continuar con vosotros. Tenéis vuestro disfrute y vuestra satisfacción, pero no tengo el

Mío. No puedo hacer nada con vosotros para el cumplimiento de Mi propósito".

Abraham ofreció a Isaac para la satisfacción de Dios. Esa fue una ofrenda quemada genuina. En el monte Moriah Dios recibió Su satisfacción completa. En Génesis 22 vemos que Dios no es solamente el Dios que llama a las cosas que no son como que son — El fue revelado como este Dios en Génesis 15 y 17 — sino el Dios que da vida a los muertos. Ante los ojos de Dios, Isaac murió cuando Abraham lo puso sobre el altar y levantó el cuchillo para matarlo. Dios detuvo a Abraham, prohibiéndole que matase a Isaac. En la tipología, esto significa que Dios impartió vida al Isaac muerto. De acuerdo con Hebreos 11:17-19, Isaac fue resucitado, y Abraham recibió a Isaac de vuelta desde Dios en resurrección. Esto resultó en una transfusión, una infusión y una penetración adicionales y más ricas de Dios dentro de Abraham.

En el monte Moriah la experiencia espiritual de Abraham alcanzó su punto máximo. Como un resultado, Abraham llegó a ser tan espiritual y tan maduro en la vida que en Génesis 24 tipifica a Dios el Padre. ¿Dónde llegó a ser tan maduro? En el monte Moriah donde recibió la porción plena de Dios. Dios el Padre fue transfundido dentro de él. Por lo tanto, Abraham llegó a ser el padre, no solamente de un Isaac individual, sino de los miles de descendientes corporativos que son el reino de Dios sobre esta tierra para la realización del propósito de Dios.

Ahora podemos ver por qué Pablo, después de escribir Romanos 3, estaba cargado por usar la historia de Abraham en el capítulo cuatro como un retrato para mostrar el clímax de la justificación de Dios. El propósito de la justificación de Dios es tener una reproducción de Cristo en millones de santos. Estos santos, como la reproducción de Cristo, llegan a ser los miembros de Su Cuerpo (Ro. 12:5). Este Cuerpo entonces llega a ser el reino de Dios sobre la tierra (Ro. 14:17) para el cumplimiento del propósito de Dios. El Cuerpo como el reino de Dios está expuesto en Romanos 12—16. Todas las iglesias locales son las expresiones del Cuerpo de Cristo como el reino de Dios.

La iglesia como el reino de Dios no está compuesta de un Isaac, sino de muchos Isaac que han procedido desde la justificación de Dios. Todos éstos son el resultado de la experiencia subjetiva y más profunda de la justificación.

DE VUELTA AL ARBOL DE LA VIDA

No obstante, necesitamos ver más aún. Volvamos al primer capítulo de Génesis una vez más.

Conforme a Génesis 1, el hombre no solamente fue creado por Dios, sino también para Dios y hacia Dios. El hombre fue creado hacia Dios para que expresara la imagen de Dios y ejerciera el dominio de Dios para la edificación de Su reino. El hombre fue creado hacia Dios para tal alto propósito. En Génesis 2 vemos que Dios estaba representado por el árbol de la vida, indicando que el hombre creado hacia Dios debería comer continuamente de este árbol. El hombre necesitaba venir a Dios, contactar a Dios y tener a Dios transfundido e infundido dentro de él. Sin embargo, el hombre falló en hacer esto, yendo a la fuente incorrecta, el árbol del conocimiento. De esta manera, el hombre que fue hecho hacia Dios se alejó de Dios. Este es el significado preciso de la caída del hombre.

Dios apareció para llamar a Abraham fuera de esta condición caída, significando que Dios quería devolver al hombre hacia El mismo. Cuando Dios llamó a Abraham fuera de Ur de los caldeos, El no le dijo adónde ir, porque la intención de Dios era devolverlo hacia El mismo. El hombre tenía que regresar a Dios a fin de que Dios pudiese transfundirse dentro de él.

Al llamar a Abraham fuera de Ur, Dios estaba devolviéndolo al árbol de la vida. El principio del árbol de la vida es la dependencia; el principio del árbol del conocimiento es la independencia. Venir al árbol de la vida significa depender de Dios; volver al árbol del conocimiento significa abandonar a Dios. Cada día y cada hora necesitamos depender de Dios como nuestra vida. Nunca debemos quedarnos lejos de Dios como nuestra vida. Por lo tanto, Abraham fue devuelto hacia Dios como el árbol de la vida. Cuando Dios se le apareció, eso también fue el aparecimiento del árbol de la vida. Mientras Abraham pasaba tiempo en la presencia de Dios, disfrutaba del árbol de la vida. Cada vez que sucedía esto, la esencia de Dios era transfundida dentro de él. En esta forma Dios entrenó a Abraham para estar totalmente transfundido, infundido y penetrado con Dios, y a no actuar más por sí mismo. Esta no fue una lección fácil de aprender para Abraham.

Hoy día nosotros estamos sufriendo el mismo entrenamiento. Dios nos ha llamado fuera de nuestra condición caída de vuelta a El mismo como el árbol de la vida. Ahora estamos bajo Su transfusión, Su infusión y Su saturación. No debemos hacer nada por nosotros mismos. Nuestro yo debe ser terminado. El hombre viejo debe ser cortado y sepultado para que Dios sea todo para nosotros. Entonces podemos decir en realidad: "Ya no vivo yo, mas vive Cristo en mí; y lo que ahora vivo en la carne, lo vivo en la fe del Hijo de Dios" (Gá. 2:20). Esta es la vida de Abraham. Como descendientes de Abraham somos iguales a él. Nosotros caminamos en sus pisadas creyentes y estamos bajo la obra saturadora de Dios.

Cuando experimentamos este proceso, tenemos varias reacciones hacia Dios. Nuestra primera reacción es creer en El con la fe de Cristo. Esto causa otra reacción desde el lado de Dios, la cual es contarnos a Cristo como nuestra justicia. Después de esto, actuamos en lo nuestro y producimos un fracaso. Vamos a la fuente incorrecta, a Agar, a la ley, y damos nacimiento a Ismael. Después de esto, necesitamos ser circuncidados. Esto introduce una experiencia adicional de Cristo como nuestro Isaac presente. Entonces seremos requeridos para ofrecer este Isaac a Dios como un sacrificio para Su satisfacción. Si obedecemos esta demanda, Dios reaccionará para nosotros una vez más, dándonos una experiencia de resurrección que produce a muchos Isaac. Una vez que ofrecemos nuestra experiencia individual de Cristo a Dios, nos encontramos en la iglesia con muchos Isaac rodeándonos, y tenemos la experiencia corporativa de Cristo. Entonces ya no somos individuos; somos un reino, el Cuerpo de Cristo cumpliendo el propósito de Dios.

Este es el significado más profundo de la justificación mostrado por el ejemplo de Abraham. Debemos confesar que la fuente de todo es la transfusión, la infusión y la saturación de Dios. Este proceso de transfusión y de infusión causa muchas reacciones entre Dios y el hombre. Este tráfico, este intercambio entre nosotros y Dios, nos hace uno con El y trae a la existencia a un hombre universal para el cumplimiento del propósito eterno de Dios. En este proceso la divinidad está mezclada con la humanidad. Esta es la consumación de la justificación de Dios.

ESTUDIO-VIDA DE ROMANOS

EL RESULTADO DE LA JUSTIFICACION:
EL DISFRUTE PLENO
DE DIOS EN CRISTO

Al final de Romanos 3, Pablo da la definición de la justificación en la forma de Dios, y en el capítulo cuatro presenta a Abraham como el ejemplo de esta justificación. Romanos 5:1-11 debería considerarse como la conclusión de la enseñanza de Pablo sobre la justificación. Esta conclusión revela el resultado, la consecuencia de la justificación. Estos once versículos enumeran muchos ítems maravillosos que son el resultado de ser justificados por Dios.

En Romanos 5:1-11 Pablo menciona seis palabras sobresalientes: amor, gracia, paz, esperanza, vida y gloria. El amor de Dios ha sido derramado dentro de nuestros corazones por medio del Espíritu Santo (v. 5). Nosotros tenemos acceso a esta gracia en la cual estamos firmes (v. 2). Ya que hemos sido justificados por la fe tenemos paz hacia Dios (v. 1). Después de esto, nos gloriamos, nos exultamos y nos regocijamos en la esperanza (v. 2). El versículo 10 nos dice que seremos salvados en Su vida. Finalmente, esperamos compartir la gloria de Dios (v. 2). Estos seis ítems son parte del resultado de la justificación de Dios. ¿Tú quieres el amor y la gracia de Dios? ¿Deseas la paz y la esperanza? ¿Quieres compartir la vida divina y eterna de Dios y estar en Su gloria? Para todos estos asuntos necesitas la justificación. Todos ellos son nuestra porción como el resultado de la justificación de Dios.

Junto con estas seis palabras significantes, tenemos tres Personas maravillosas. (Aunque no me gusta el término "Personas" porque se ha comprendido incorrectamente en las enseñanzas sobre la Trinidad, pero, no hay un término más adecuado en nuestro lenguaje humano para usarlo en relación a la Deidad). En Romanos 5:1-11 vemos a las tres Personas del Dios Triuno. El versículo 5 habla del Espíritu Santo, diciéndonos que el Espíritu Santo ha derramado el amor de Dios dentro de nuestro corazón. Luego el versículo 6 nos dice que mientras todavía éramos débiles e impíos, Cristo murió por nosotros. Finalmente, el versículo 11 dice que ahora nos gloriamos en Dios. La versión King James lee: "gozamos en Dios", significando que Dios ha llegado a ser nuestro disfrute. Nos alegramos, nos gloriamos, nos exultamos y nos regocijamos en Dios porque El es nuestro disfrute. De esta manera, Romanos 5 devela seis cosas maravillosas y tres Personas maravillosas. Tenemos amor, gracia, paz, esperanza, vida y gloria. Como un resultado de la justificación de Dios, tenemos al Espíritu Santo, a Cristo y a Dios como nuestro disfrute. ¡Oh, esta porción de la Palabra es muy rica! Necesitamos muchísimos mensajes para cubrirla adecuadamente.

I. JUSTIFICADOS Y RECONCILIADOS

Originalmente, no sólo éramos pecadores, sino también enemigos de Dios. Por medio de la muerte redentora de Cristo, Dios nos ha justificado, a los pecadores, y nos ha reconciliado, a Sus enemigos, a El mismo (5:1, 10-11). Esto sucedió cuando creímos en el Señor Jesús. Hemos recibido la justificación y la reconciliación de Dios por la fe. Esto ha abierto el camino y nos ha introducido en el dominio de la gracia para el disfrute de Dios.

II. CON EL AMOR DE DIOS DERRAMADO

En el dominio de la gracia la primera cosa que disfrutamos es el amor de Dios. "El amor de Dios ha sido derramado en nuestros corazones por el Espíritu Santo que nos fue dado" (5:5). Muchas veces en nuestra vida cristiana necesitamos aliento y confirmación. Cuando pasamos por períodos de sufrimiento, podemos tener preguntas y dudas. Quizás digas: "¿Por qué hay tantas dificultades en mi vida cristiana? ¿Por qué hay tantas aflicciones y pruebas?" Nosotros podemos tener tales preguntas y dudas acerca de nuestras circunstancias. Aunque se levanten estas dudas, no podemos negar que el amor de Dios está dentro de nosotros. Desde el día en que por primera vez invocamos al Señor Jesús, el amor de Dios ha sido derramado dentro de nuestros corazones a través del Espíritu Santo. Esto significa que el Espíritu nos revela, nos confirma y nos asegura con el amor de Dios. El Espíritu Santo residente parece decir: "No dudes. Dios te ama. Tú no comprendes por qué debes sufrir ahora, pero un día dirás: 'Padre, te agradezco por las dificultades y las pruebas que pasé'". Cuando entres por la puerta de la eternidad, dirás: "Alabado sea el Señor por los sufrimientos y las pruebas que cayeron sobre mí en mi jornada. Dios los usó para transformarme".

¡Oh, el amor de Dios ha sido derramado dentro de nuestros corazones! Aunque estemos afligidos, pobres y deprimidos, no podemos negar la presencia del amor de Dios dentro de nosotros. ¿Podemos negar que Cristo murió por nosotros? Cristo murió por los pecadores impíos como nosotros. Una vez fuimos enemigos, pero Cristo derramó Su sangre en la cruz para reconciliarnos a Dios. ¡Qué amor es éste! Si Dios nos ha dado a Su propio Hijo, seguramente El no hará nada para dañarnos. Dios es soberano. El sabe qué es lo mejor para nosotros. La elección es Suya, no nuestra. Sin considerar nuestra preferencia, lo que Dios nos ha planeado será nuestra porción. Todo lo relacionado a nosotros ha sido preparado por nuestro Padre. Simplemente debemos orar: "Señor, haz Tu voluntad. Simplemente quiero lo que Tú quieres. Dejo todo enteramente en Tus manos". Esta es nuestra respuesta a Dios cuando realizamos de nuevo que El nos ama tanto, y que Su amor ha sido derramado dentro de nuestros corazones por medio del Espíritu Santo.

III. ESTANDO FIRMES EN EL DOMINIO DE LA GRACIA

Romanos 5:2 dice: "Tenemos entrada por la fe a esta gracia en la cual estamos firmes". La gracia es el dominio en el cual estamos firmes. Debemos permanecer donde está la gracia. No me preguntes dónde debes estar firme. Tú debes estar firme en la gracia. Cada vez que sientas que estás fuera del dominio de la gracia, regresa a ella inmediatamente. Si estás a punto de pelear con tu esposa y sientes que estás fuera del dominio de la gracia, detén lo que estás haciendo, regresa al dominio de la gracia y quédate firme allí.

No necesitamos hacer nada pecaminoso para ser cortados de la gracia. Solamente necesitamos quedarnos en un lugar demasiado tiempo, y sentiremos que nos hemos movido desde el dominio de la gracia a otra esfera. ¿Qué debemos hacer en tal caso? Debemos orar: "Señor, perdóname. Devuélveme al dominio de la gracia". Regresamos al dominio de la gracia por el mismo camino a través del cual entramos originalmente. Entramos al dominio de la gracia a través de la justificación por la fe. Simplemente confesamos nuestros pecados a Dios, recibimos al Señor Jesús como nuestro Salvador, aplicamos Su sangre y fuimos justificados. La justificación de Dios nos llevó a esta gracia en la cual estamos firmes. Cuando actuemos incorrectamente y sintamos que estamos fuera de la gracia, debemos repetir la misma oración: "Oh Dios, perdóname. Límpiame con la sangre preciosa". Si haces esto, serás devuelto a la gracia instantáneamente.

Ya que hemos sido justificados por la fe y estamos firmes en el dominio de la gracia, tenemos paz hacia Dios a través de nuestro Señor Jesucristo (5:1). Pablo no dice que tenemos paz con Dios, sino paz hacia Dios. Esto significa que todavía estamos en el camino hacia Dios. Nosotros no hemos finalizado nuestra jornada. En el mundo espiritual, primero entramos por la puerta y luego andamos por el camino. La justificación por la fe es la apertura de la puerta, dándonos un acceso, una entrada a un campo amplio de disfrute. Una vez que hayamos pasado por la puerta de la justificación, necesitamos andar el camino de la paz. Los pecadores no tienen paz. Romanos 3:17 dice que cuando éramos pecadores no conocíamos el camino de la paz. Hoy día, sin embargo, estamos andando en el camino de la paz.

Si tú te estás moviendo en cierta dirección y no sientes la paz adentro, debes detenerte. Siempre sigue con la paz.

De acuerdo con Lucas 7:50, el Señor Jesús dijo a la mujer pecaminosa, una vez que había sido salva, que se fuese en paz. Jóvenes, después que sois salvos debéis ir por vuestro camino en paz. Adondequiera que vayáis, debéis tomar el camino de la paz. Si no tenéis paz, no vayáis. Todo lo que hagáis, hacedlo en paz. Si no tenéis paz, no actuéis. La gracia es para nuestra posición, y la paz es para nuestro camino. Si tú no tienes la gracia para estar firme en cierto lugar, no te quedes allí. Si no tienes paz para tomar cierta dirección, no camines. Quédate firme en la gracia y camina en paz.

IV. DISFRUTANDO A DIOS GLORIANDOSE, EXULTANDOSE Y REGOCIJANDOSE EN EL

En el dominio de la gracia nos gloriamos en Dios (5:11). La palabra griega traducida gloriarse tiene por lo menos tres significados: gloriarse, exultarse (significando alegrarse) y regocijarse. De esta manera, nos gloriamos en Dios, nos exultamos en Dios y nos regocijamos en Dios. Cuando estamos firmes en el dominio de la gracia, y caminamos el camino de la paz, constantemente nos gloriamos, nos exultamos y nos regocijamos en nuestro Dios. Esto significa que disfrutamos a Dios. Dios es nuestra porción para nuestro disfrute. Nosotros tenemos tal Dios en el cual nos gloriamos, nos exultamos y nos regocijamos.

A. Gloriándose en la Tribulación

Nuestro ser natural necesita ser santificado, transformado y conformado. Por lo tanto, Dios produce ciertas tribulaciones y sufrimientos para nuestro bien. Esto está revelado claramente en Romanos 8:28-29, donde se nos dice que Dios hace que todas las cosas trabajen juntas para bien para que podamos ser conformados a la imagen de Su Hijo. Por esto, la tribulación y el sufrimiento son para nuestra transformación. Todos apreciamos la paz, la gracia y la gloria, pero a nadie le gusta la tribulación. Recientemente, yo he tenido dos operaciones en mi ojo derecho. Aunque no me gusta tal sufrimiento, debo declarar que en los pocos últimos años nada me ha favorecido más que estas dos operaciones.

La tribulación es realmente la encarnación de la gracia con todas las riquezas de Cristo. Esto es similar a la encarnación de Dios en Jesús. En la apariencia El era simplemente el hombre Jesús; en la realidad era Dios. Aparentemente nuestro medio ambiente es la tribulación; en realidad es la gracia. Si leemos Romanos 5 cuidadosamente, veremos que la tribulación no está en el mismo nivel que la gracia; está bajo la gracia. Los seis ítems del amor, la gracia, la paz, la esperanza, la vida y la gloria, junto con las tres Personas de la Deidad, todos reemplazan a la tribulación. No obstante, la tribulación es una visita de la gracia.

Si decimos que apreciamos la gracia pero no la tribulación, es como decir que amamos a Dios pero no a Jesús. Sin embargo, rechazar a Jesús es rechazar a Dios. Del mismo modo, rechazar la tribulación es rechazar la gracia. ¿Por qué Dios se encarnó? Porque El deseaba venir a nosotros. La encarnación de Dios fue Su visita graciosa. Seguramente todos amamos tal visita de Dios. Si amamos Su visita, debemos amar Su encarnación. Es igual con la gracia y la tribulación. La tribulación es la encarnación de la gracia visitándonos. Aunque amamos la gracia de Dios, también debemos besar la tribulación, la cual es la encarnación de la gracia, la dulce visita de la gracia.

Madame Guyon decía que ella besaba las cruces que le daban. A muchas personas no les gusta la cruz porque es un sufrimiento, una tribulación. Madame Guyon, por el contrario, besaba cada cruz, esperando que viniesen más, porque realizaba que la cruz le traía a Dios. Madame Guyon dijo: "Dios me da la cruz, y la cruz me trae a Dios". Ella daba la bienvenida a la cruz, porque cuando tenía a la cruz, tenía a Dios. La tribulación es una cruz, y la gracia es Dios como nuestra porción para nuestro disfrute. Esta gracia nos visita principalmente en la forma de la tribulación.

La experiencia de la tribulación produce perseverancia (5:3). La perseverancia es más que la paciencia; es el producto de la paciencia más el sufrimiento. Ninguno de nosotros nació con perseverancia; es producida por el sufrimiento de la tribulación. Por lo tanto, Pablo dice que la tribulación trabaja a la perseverancia.

Podemos experimentar esta perseverancia en las cosas pequeñas de la vida. Una cosa que no me gusta es oír una señal de ocupado cuando llamo por teléfono. ¿Por qué no me gusta eso? Porque estoy escaso de perseverancia. Otra cosa pequeña que odio es cuando la gente llega tarde a una cita. Aunque tales demoras son un sufrimiento para mí, me ayudan a ganar perseverancia.

La perseverancia produce aprobación (5:4). La aprobación es una cualidad aprobada que resulta de la perseverancia de la tribulación y el probar. De esta manera, la aprobación es una cualidad o atributo que puede ser aprobado. A veces, es difícil para los hermanos jóvenes tener la aprobación de otros. Ellos necesitan la perseverancia que produce una cualidad que es aprobada fácilmente por los otros. La tribulación resulta en perseverancia, y la perseverancia produce la cualidad de la aprobación. Algunas versiones aquí traducen la palabra griega como "experiencia". Esto está correcto, porque la aprobación incluye a la experiencia. Sin embargo, no es primariamente la experiencia misma, sino el atributo o la virtud que se adquiere a través de las experiencias del sufrimiento. Mientras más sufres, más perseverancia tienes, y más se producirá la virtud de la aprobación. La aprobación no es un atributo que tengamos por nuestro nacimiento natural.

Consideremos el ejemplo del oro en bruto. Aunque es oro genuino, está en bruto y es sin atractivo. Necesita al fuego purificador. Mientras más sufre el oro la quemadura del fuego, más será producida una cualidad aprobada. Después de la quemadura y la prueba, el oro adquiere una cualidad que es aprobada fácilmente por todos. Quizás, muchos de los jóvenes son como el oro en bruto. Ellos no necesitan el pulido ni la pintura; necesitan la quemadura. Algunos de los santos que aman al Señor tienen una cantidad de vida y de luz. Porque tienen estas cosas, piensan que están adecuados para trabajar por el Señor. Sin embargo, les falta la aprobación. Por una parte, pueden ser productivos adondequiera que vayan; por otra parte, están en bruto y les falta la virtud que les hace personas felices, dulces y agradables. Ellos tienen lo opuesto de la aprobación, lo que podemos llamar desaprobación. ¿Por qué tu situación fue tan buena en el principio, pero bastante pobre después de un período de tiempo? Fue buena en el principio debido a tu don y a la luz que tenías. No continuaste bien porque estabas muy en bruto, y te faltaba la cualidad de la aprobación. Si tenemos la virtud de la aprobación, no seremos un problema para los demás. Todos debemos orar: "Señor, concédeme la aprobación".

Si tú oras en esta forma, el Señor preguntará: "¿Realmente estás resuelto?" Si tu respuesta es afirmativa, el Señor levantará las circunstancias que te producirán aprobación. Por ejemplo, El puede darte la esposa más apropiada, la esposa más útil en producir esta cualidad dentro de ti. La mayoría de las esposas son ayudantes excelentes, asistiendo a Dios en producir aprobación para Sus siervos. La mayoría de los siervos del Señor necesitan tal esposa. La esposa no ayuda al esposo; ella ayuda a Dios. La disposición de las esposas ayuda a Dios para producir aprobación en sus esposos.

Dios es soberano. Muchos de nosotros realizamos que no solamente hemos sido llamados, sino también atrapados. Debemos ser un esclavo de Cristo Jesús; no tenemos otra elección. Si yo pudiese haber hecho otra elección, la habría hecho. No obstante, debo ser el esclavo del Señor. Aunque somos los esclavos de Cristo, nos falta la aprobación. Esto perturba a Dios y nos daña. También molesta a los santos y a la familia de Dios. Les ayudamos por una parte y les dañamos por la otra. Por nuestra luz y nuestro don les ayudamos; por nuestra falta de aprobación les dañamos. De esta manera, necesitamos la aprobación que resulta de la perseverancia.

B. Gloriándose en la Esperanza de Compartir la Gloria de Dios

Junto con esta aprobación, tenemos la esperanza (5:4). ¿Qué es esta esperanza? Es la esperanza de que un día todos seremos introducidos a la gloria de Dios (5:2). Aunque estamos firmes en la gracia y caminamos en paz, todavía no estamos en la gloria. Pero vendrá el día cuando seremos introducidos a la gloria. ¿Qué es la gloria? Como hemos mencionado varias veces en el pasado, la gloria es Dios mismo expresado. Cuando Dios es expresado, eso es la gloria. Es muy similar a la expresión de la corriente eléctrica en una bombilla de luz. La expresión de la electricidad es la gloria de la electricidad. No podemos ver a la electricidad misma, pero el brillo de la electricidad en las luces es la expresión, la gloria de la electricidad. Del mismo modo, la gloria es Dios expresado.

Esta gloria está viniendo, y nada puede compararse con ella. Varios versículos nos muestran que Dios llevará muchos hijos a la gloria (Ro. 8:18; 2 Co. 4:17; 1 Ts. 2:12; He. 2:10; 1 P. 5:10). Aquí y ahora disfrutamos a Dios en la esperanza de esta gloria venidera. Mientras estamos disfrutándole, esperamos la gloria que viene. Veremos más de esto cuando consideremos Romanos 8.

V. SIENDO SALVADOS EN LA VIDA DE CRISTO

Mientras disfrutamos a Dios en esta forma, estamos siendo salvados en Su vida (5:10). "Mucho más... seremos salvos por su vida". Diariamente necesitamos ser salvados de muchas cosas negativas. Necesitamos ser salvados de nuestro temperamento y de nuestro yo. Mientras disfrutamos a Dios en nuestros sufrimientos, necesitamos el salvamiento en Su vida. Necesitamos ser salvados en Su vida del pecado habitual, es decir, ser librados de la ley del pecado y de la muerte. Necesitamos ser salvados en Su vida de ser mundanos, es decir, ser santificados. Necesitamos ser salvados en Su vida de nuestro ser natural, es decir, ser transformados de nuestra vida natural. Necesitamos ser salvados en Su vida de ser como nuestro yo, es decir, ser conformados a la imagen de Cristo, el Hijo primogénito de Dios. Y necesitamos ser salvados en Su vida de ser individualistas, es decir, ser edificados con otros dentro de un Cuerpo. Estos son los salvamientos en la vida de Cristo, los cuales serán totalmente definidos en los capítulos siguientes. Este tipo de salvamiento en la vida es el disfrute principal que tenemos en Dios.

La justificación nos ha introducido en el dominio del disfrute. En este dominio estamos firmes en la gracia, caminamos en la paz, sufrimos en la esperanza, y disfrutamos a Dios en nuestras tribulaciones. Mientras estamos sufriendo y disfrutando, estamos siendo salvados en Su vida. Este es el resultado de la justificación.

ESTUDIO-VIDA DE ROMANOS

MENSAJE DIEZ

EL DON EN CRISTO SUPERANDO
A LA HERENCIA EN ADAN

Si leemos el libro de Romanos cuidadosamente, observaremos que la sección sobre la justificación termina con Romanos 5:11. Esto quiere decir que en la primera parte de Romanos tenemos principalmente dos secciones, la condenación y la justificación. La sección sobre la condenación empieza en el 1:18 y termina con el 3:20. La porción sobre la justificación empieza con el 3:21 y concluye en el 5:11.

En la sección sobre la justificación, Pablo está preocupado con nuestra posición externa delante de Dios. Originalmente, estábamos llenos de pecado y necesitábamos la redención de Cristo como una base sobre la cual Dios pudiese justificarnos. La justificación de Dios ha cambiado nuestra posición. Antiguamente, nuestra posición estaba bajo la condenación de Dios; ahora nuestra posición está bajo la justificación de Dios. Como un resultado de la justificación, tenemos el amor, la gracia, la paz, la esperanza, la vida, la gloria, a Dios, a Cristo y al Espíritu Santo. Aunque podemos disfrutar estos seis ítems significativos y a tres Personas maravillosas, son principalmente externos y objetivos. No obstante, en la sección sobre la justificación Pablo sí da algunos indicios para indicar que procederá para tratar con nuestra disposición interior.

El primer indicio se encuentra en Romanos 4:24-25, donde Pablo habla del Cristo resucitado. El Cristo crucificado nunca puede entrar en nuestro ser, pero el Cristo resucitado es capaz de entrar en nosotros. Nuestro Cristo no es solamente el Cristo que fue crucificado por nuestra redención; El también es el Cristo que fue resucitado para que imparta la vida dentro de nosotros. Por lo tanto, Romanos 4:24-25 da a entender que Cristo entrará en los justificados y vivirá en ellos una vida de justificación.

Vemos otro indicio en Romanos 5:10, que dice que seremos salvados en Su vida. La palabra "seremos" implica experiencias en el futuro. Antes de Romanos 5:10 se nos dice que ya hemos sido salvados, porque hemos sido redimidos, justificados y reconciliados. ¿Por qué este versículo repentinamente dice que seremos salvados? Aunque hemos sido salvados por la muerte de Cristo para la redención, la justificación y la reconciliación, todavía no hemos sido salvados para la santificación, la transformación y la conformación. La redención, la justificación y la reconciliación requieren la muerte de Cristo en la cual fue derramada Su sangre, mientras que la santificación, la transformación y la conformación requieren el trabajo interno de Su vida. La muerte de Cristo en la cruz nos salvó en una forma objetiva, y Su vida nos salvará en una forma subjetiva. El Cristo crucificado nos salvó objetivamente en la cruz; el Cristo resucitado dentro de nosotros nos salva subjetivamente. Su vida debe entrar en nosotros. Eventualmente, en Romanos 8, en la conclusión de la sección que trata con nuestra disposición, vemos que Cristo está en nosotros (8:10). Antes del capítulo cinco Cristo estaba crucificado en la cruz, pero todavía no estaba en nosotros. En el capítulo ocho Cristo ya no está en la cruz: El está en nosotros. Este Cristo residente es la vida que nos salvará subjetivamente después que hayamos sido salvados objetivamente. Nosotros necesitamos ser salvados más y más. Hemos sido salvados del infierno y de la condenación de Dios: ésta es la salvación posicional. Ahora necesitamos ser salvados de nuestra disposición, tal como nuestro viejo hombre, nuestro yo, nuestra vida natural, etc.; ésta es la salvación disposicional.

Otro indicio de que Romanos cambia desde un aspecto posicional a un aspecto disposicional después del 5:11, se encuentra en la ocurrencia de las palabras pecado y pecados. Antes de Romanos 5:12 la palabra pecado siempre se encuentra en el número plural. Sin embargo, en Romanos 5:12 esta palabra aparece repentinamente en singular. ¿Por qué hay este cambio? Los pecados son externos y conciernen a nuestra posición; el pecado es interno y concierne a nuestra disposición. Los pecados externos en nuestra posición, nuestros hechos pecaminosos, han sido completamente tratados por la muerte de Cristo, pero el pecado en nuestra disposición, nuestra naturaleza pecaminosa, todavía no ha sido tratada. Empezando con Romanos 5:12, Pablo comienza a concentrarse en el pecado disposicional dentro de nosotros.

Además, aunque estamos en Dios y Cristo en el momento de Romanos 5:11, no hemos tenido mucha experiencia de Dios y Cristo viviendo dentro de nosotros. Aunque estamos en Dios, nos gloriamos y nos regocijamos en Dios, y estamos firmes en el dominio de la gracia, no hemos experimentado completamente a Dios y a Cristo habitando dentro de nosotros. Estar en Cristo es un asunto posicional; tener a Cristo en nosotros, especialmente viviendo y habitando en nosotros, es un asunto disposicional y experimental. Debemos estar en Cristo, y entonces Cristo puede estar en nosotros y vivir dentro de nosotros. Encontramos los dos aspectos de esto en Juan 15:4, que dice: "Habitad en Mí, y Yo en vosotros" (lit.). "Habitad en Mí" quiere decir estar en Cristo; "Yo habito en vosotros" quiere decir que Cristo vive en nosotros. Primeramente, estamos en Cristo, luego Cristo vive en nosotros. El asunto disposicional de Cristo viviendo en nosotros está cubierto en Romanos 5:12 al 8:30, en la sección sobre la santificación y la glorificación. Tanto la santificación como la glorificación tratan con nuestra disposición y nuestra naturaleza, no con nuestro comportamiento exterior. Pablo trató nuestro comportamiento exterior en las secciones precedentes. En el 5:12—8:30 él está ocupado con nuestra naturaleza, con nuestro yo. Si no estamos claros acerca de estas distinciones, seremos incapaces de entender Romanos 5:12—8:30 adecuadamente.

Cuando nos acercamos a la sección sobre la santificación, debemos realizar que el don en Cristo supera a la herencia en Adán. Ya que todos nacimos de Adán y en Adán, hemos heredado todo lo que él es y tiene. ¿Cuáles son los ítems de nuestra herencia en Adán? Dos cosas terribles: el pecado y la muerte. Sin considerar si somos buenos o malos, mientras nacimos de la raza de Adán tenemos al pecado y la muerte como nuestra herencia. ¡Alabado sea Dios por el don en Cristo! El don en Cristo supera a la herencia en Adán. No hay comparación.

I. DOS HOMBRES, DOS HECHOS Y DOS RESULTADOS

En Romanos 5:12-21 tenemos dos hombres, dos hechos y dos resultados. Este pasaje es difícil de recordar porque todo en él trasciende nuestro entendimiento. Por naturaleza, no tenemos el concepto que se revela en este pasaje de la Escritura. Si lo tuviéramos, seríamos fácilmente impresionados con el pensamiento de Pablo. ¿Tú alguna vez has pensado que en todo el universo solamente hay dos hombres? No obstante, ante los ojos de Dios sólo hay dos hombres: Adán y Cristo. Nosotros mismos somos nadie. Todos estamos incluidos o en el primer hombre o en el segundo. Todo depende de dónde estás tú. Si estás en Adán, eres una parte de Adán. Si estás en Cristo, eres una parte de Cristo. Hace cincuenta años yo estuve en Adán, pero hoy y para siempre estoy en Cristo.

A. Dos Hombres

1. Adán

Adán fue el primer hombre (1 Co. 15:47). El no fue solamente el primer hombre, sino también el primer Adán (1 Co. 15:45). Adán fue creado por Dios (Gn. 1:27), y no tenía nada de la naturaleza divina ni de la vida de Dios. El fue simplemente la creación de Dios, una obra de Su mano.

2. Cristo

Cristo es el segundo hombre (1 Co. 15:47) y el último Adán (1 Co. 15:45). ¿Qué quiere decir que Cristo es el segundo hombre y el último Adán? Significa que Cristo es el último hombre. Después de El, no hay un tercer hombre, porque el segundo hombre es el último. Esto excluye la posibilidad de un tercer hombre. No te consideres como el tercero. Cristo es el segundo hombre y el último Adán. Después de El, no hay un tercer Adán.

Este segundo hombre no fue creado por Dios. El es un hombre mezclado con Dios. El es Dios encarnado para ser un hombre (Jn. 1:14). El primer hombre no tenía nada de la naturaleza divina ni de la vida de Dios, porque fue simplemente la creación de Dios. El segundo hombre es el mezclar de Dios con Su criatura, lleno de la naturaleza divina y de la vida de Dios. El es un hombre mezclado con Dios, un Dios-hombre. La plenitud de la Deidad está incorporada en El (Col. 2:9; Jn 1:16).

B. Dos Hechos

1. La Transgresión de Adán en el Jardín

Romanos 5:14 menciona la transgresión de Adán, refiriéndose a la transgresión de Adán de comer del árbol del conocimiento del bien y del mal en el jardín. Después que Dios creó a Adán, El lo puso delante del árbol de la vida, indicando que Adán debía participar de este árbol. Esto le habría capacitado para recibir la vida de Dios y para vivir con Dios. Adán fracasó. El abandonó el árbol de la vida que denotaba a Dios como vida, y se volvió al árbol del conocimiento que significaba a Satanás como la fuente de la muerte. De esta manera, la transgresión de Adán consistió en dejar el árbol de la vida y seguir el árbol del conocimiento (Gn. 2:8-9, 17; 3:1-7). El resultado del árbol de la vida es la vida, pero el resultado del árbol del conocimiento es la muerte. Esto significa que Adán renunció a la vida y escogió la muerte.

2. La Obediencia de Cristo en la Cruz

El segundo hecho fue la obediencia de Cristo en la cruz (Fil. 2:8). Este hecho de obediencia, un hecho justo ejecutado por Cristo, terminó al hombre del conocimiento (6:6). Adán llevó al hombre al conocimiento, haciéndole un hombre de conocimiento. Cristo, por Su obediencia en la cruz, terminó al hombre del conocimiento y trajo al hombre de vuelta a la vida. Primera de Pedro 2:24 nos dice que la muerte de Cristo restauró al hombre a la vida, y Juan 3:14-15 dice que Cristo fue levantado en la cruz a fin de traer al hombre de vuelta a la vida eterna. Por lo tanto, la obediencia de Cristo en la cruz terminó al hombre caído de conocimiento, el hombre de muerte, y recuperó al hombre de vuelta a la vida, haciéndolo un hombre de vida.

C. Dos Resultados

Estos dos hombres tienen dos hechos, y los dos hechos han producido dos resultados.

1. El Resultado de la Transgresión de Adán

a. El Pecado Entró

El pecado entró a través de la transgresión de Adán (5:12). Parece que el pecado se menciona en Romanos 5 al 8 en una forma personificada. Es como una persona que puede reinar (5:21), que puede enseñorearse sobre la gente (6:14), que puede engañar y matar a la gente (7:11), que puede habitar en la gente y hacer cosas contra su voluntad (7:17, 20). El pecado está vivo y es sumamente activo (7:9). De esta manera, este pecado debe ser la naturaleza maligna de Satanás, el maligno, habitando, actuando y trabajando en la humanidad caída. El pecado es realmente una persona maligna. El pecado entró a través de la transgresión de Adán.

b. Los Muchos Fueron Constituidos Pecadores

Como un resultado de la desobediencia de Adán, los muchos, incluyéndonos a nosotros, fuimos constituidos pecadores (5:19). No solamente fuimos hechos pecadores; fuimos constituidos pecadores. No fuimos pecadores creados, sino pecadores constituidos. Un elemento no creado por Dios fue inyectado dentro de nuestro ser y nos constituyó pecadores. No somos pecadores por accidente; somos pecadores por constitución. El pecado ha sido forjado dentro de nosotros y constituido dentro de nuestro ser. Por lo tanto, el pecado no es sólo un hecho externo, sino un elemento interno y subjetivo en nuestra constitución. De esta manera, somos pecadores típicos por naturaleza.

c. Todos los Hombres Fueron Condenados a Muerte

Además, todos los hombres han sido condenados a

muerte (5:18). Todos los hombres nacen de Adán y en
Adán. Así, a través de la única ofensa de Adán todos los
hombres han sido condenados a muerte en él, cuando él fue
condenado.

d. La Muerte Reinó Sobre Todos los Hombres

De esta manera, la muerte reina sobre todos los
hombres (5:14). La muerte ha llegado a ser un rey
gobernando sobre todos. "Como el pecado reinó para
muerte" (5:21), así la muerte reina a través del pecado.

e. En Adán Todos Mueren

El resultado final de la transgresión de Adán es
que en Adán todos mueren (1 Co. 15:22). Todos han
muerto en Adán. A veces decimos de cierta persona:
"Se está muriendo". Cuando oí esta frase por primera
vez, pensé inmediatamente: "No solamente aquella persona está muriendo; todos están muriendo". No digas
que estás viviendo, porque tú, como todos los demás,
estás muriendo. Estás viviendo para morir. Mientras
más vives, más mueres. En un sentido, la gente no
está viviendo, sino muriendo. Todos nacimos para morir,
porque tenemos un rey poderoso sobre nosotros llamado
muerte. El fue investido por el pecado, su precursor.
El pecado llevó a la muerte al poder. De esta manera,
todos los hombres están bajo el reinado de la muerte.
Esta persona espantosa ha sido investida como rey.
Cuando nacimos en Adán, empezamos a morir. Antes
de que las personas mueran absolutamente, ellas pecan,
y el pecado apresura la hora de la muerte. Mientras
más peques, más rápido mueres; mientras menos pecas,
más lento mueres. Si no quieres morir rápidamente,
no debes pecar. Nosotros debemos quedarnos lejos del
pecado.

2. El Resultado de la Obediencia de Cristo

¡Alabado sea el Señor que tenemos el segundo hombre,
el segundo hecho, y el segundo resultado! ¿Cuál es el
resultado de la obediencia de Cristo?

a. Vino la Gracia

La gracia vino (Jn. 1:17) a través de la obediencia de Cristo. "La gracia de Dios ha abundado para muchos" (lit., Ro. 5:15). Pablo no dice que la vida ha abundado. Esto es similar a la transgresión de Adán, en la cual el pecado vino primero y siguió la muerte. Del mismo modo, a través de la obediencia de Cristo la gracia vino primero y siguió la vida. La muerte está contra la vida, y la gracia está contra el pecado. El pecado procede de la transgresión de Adán, pero la gracia vino a través de la obediencia de Cristo. El pecado es Satanás personificado, que ha venido para envenenarnos, dañarnos y traer la muerte dentro de nosotros. La gracia es Dios personificado, que ha venido para darnos vida y disfrute. A través de la transgresión de Adán, el pecado entró a la raza humana como veneno para la destrucción del hombre, pero a través del hecho justo y obediente de Cristo, Dios vino como gracia para nuestro disfrute.

b. Los Muchos Fueron Constituidos Justos

Romanos 5:19 nos dice: "Por la obediencia de uno, los muchos serán constituidos justos". No solamente somos justos; somos constituidos justos. Si tú pintas mi piel verde, eso no afectará mi constitución interna. Sin embargo, si inyectas pintura verde dentro de mi sangre, todo mi ser eventualmente estará constituido con pintura verde. Esta no sería pintura externa, sino un constituir interno. Cuando el Dios viviente entra en nuestro ser como gracia, somos constituidos justos.

c. Muchos Fueron Justificados hacia la Vida

Un resultado adicional de la obediencia de Cristo es que hemos sido justificados hacia la vida (5:18). Ya que hemos sido constituidos justos, hemos subido a la medida de la justicia de Dios y ahora correspondemos a ella. De esta manera, somos justificados hacia la vida espontáneamente. En Adán, a través de su única ofensa, fuimos condenados hacia la muerte; en Cristo, a través de Su único hecho justo, somos justificados hacia la vida. La justificación es

para la vida. Primero tenemos la justificación, luego
tenemos la vida. La justificación cambia nuestra posición
externa, y la vida cambia nuestra disposición interna.
Ahora tenemos tanto la justificación exteriormente para
nuestra posición, como la vida interiormente para nuestra
disposición.

d. La Gracia Reinó a Través de la Justicia hacia la Vida Eterna

Romanos 5:21 dice: "La gracia reine por la justicia para
vida eterna mediante Jesucristo, Señor nuestro". La gracia
reina. Tenemos otro rey porque ahora estamos en otro
reino. Una vez estuvimos en el reino de la muerte, y el
pecado fue nuestro rey a través de la muerte. Ahora
estamos en el reino de la vida, y la gracia es nuestro rey.
"La gracia reina a través de la justicia hacia la vida
eterna". Este pensamiento es muy profundo. ¿Por qué la
gracia debe reinar a través de la justicia? Porque éramos
pecadores. Si no hubiésemos sido constituidos pecadores,
habríamos sido limpios y justos, sin nada en nuestro ser
que contradijese el carácter de Dios. Si así hubiese sido el
caso, no habríamos necesitado la justicia. Sin embargo,
fuimos constituidos pecadores. ¿Cómo puede la gracia, la
cual es Dios mismo, reinar sobre tal gente injusta? La
gracia necesita un instrumento, un medio para reinar. Este
instrumento, este medio es la justicia de Dios. De esta
manera, la gracia reina a través de la justicia de Dios
hacia la vida eterna. Porque Cristo ha muerto en la cruz
para efectuar la redención para nosotros, y porque la
justicia de Dios nos ha sido revelada, tenemos una posición
para disfrutar a Dios como gracia. Hasta tenemos la
posición para reclamar a Dios como nuestra gracia. Por lo
tanto, la gracia puede reinar a través de la justicia hacia la
vida eterna.

Apliquemos esto a nuestra experiencia. Supongamos
que yo soy un hombre pecaminoso y moribundo. Estoy
condenado a muerte, y la muerte reina sobre mí. Un día
realizo que Cristo murió por mí en la cruz para efectuar la
redención de Dios, y la justicia de Dios me es revelada.

Como pecador, vengo a Dios bajo la sangre redentora de Cristo. Inmediatamente, la justicia de Dios le obliga para justificarme, y El llega a ser mi porción. Yo puedo reclamarle como mi porción porque la redención de Cristo ha cumplido todos los requisitos de Su justicia. Ahora tengo la posición para reclamarle como mi porción. El no tiene opción. Debido a Su justicia, El ha venido a mí como gracia para mi disfrute. La gracia significa que recibo un don que no merezco. Si trabajo para ti, me debes mi salario como una deuda, no como una gracia. Sin embargo, si me presentas quinientos dólares como un regalo, eso es gracia, porque no lo merezco. A través de la justicia de Dios yo recibo la gracia, la cual no merezco.

Dios se nos ha dado como una gracia que no merecemos. Nunca trabajamos para ella y no podemos pagar por ella. El precio es demasiado alto. Dios simplemente se nos da como gracia a través de la justicia. Esta gracia llega a ser nuestra porción para nuestro disfrute y reina a través de la justicia, resultando en la vida eterna. Esto no se refiere a la bendición eterna, sino a la vida eterna, la cual podemos disfrutar hoy día. No es la vida humana o la vida creada; es la vida divina, eterna e increada.

Bajo la sangre de Cristo, reclamamos a Dios como nuestra porción, y recibimos desde Dios una medida que no merecemos. Esta medida es la gracia como nuestro disfrute. El resultado de este disfrute es la vida eterna, una vida que transformará todo nuestro ser. Nos santificará por completo y tratará enteramente con nuestra disposición. De esta manera, llegaremos a ser personas santificadas, transformadas, conformadas y glorificadas.

e. En Cristo Todos Seremos Vivificados

En Adán todos mueren, pero en Cristo todos serán vivificados (1 Co. 15:22). La transgresión de Adán causó y todavía causa que todos sus descendientes mueran, pero la obediencia de Cristo causa que todos los hombres vivan. En Adán todos están muriendo; en Cristo todos están viviendo. El resultado de la transgresión de Adán es la muerte hacia todos. El resultado de la obediencia de Cristo es la vida hacia todos.

II. CUATRO COSAS REINANTES

Hemos visto dos hombres, dos hechos y sus dos resultados. Estos dos hombres con sus dos hechos y sus dos resultados han producido cuatro cosas reinantes. Tenemos que conocer estos hombres, estos hechos y estos resultados, y también tenemos que conocer las cuatro cosas reinantes a fin de estar claros acerca de Romanos 5:12-21.

A. El Pecado

1. Habiendo Entrado a Través del Primer Hombre

Como hemos visto, el pecado entró a través del primer hombre (5:12). A través de la desobediencia de Adán, el maligno, como el pecado, entró en el mundo. El mundo aquí se refiere a la humanidad en general, porque, en un sentido, la palabra mundo en el Nuevo Testamento significa humanidad. Por ejemplo, Juan 3:16 dice que Dios amó al mundo, significando que Dios amó a la humanidad. De esta manera, el pecado ha entrado dentro de la humanidad, dentro de la naturaleza humana. a través del primer hombre Adán.

2. Habitando en el Cuerpo Caído del Hombre

Después de entrar en la raza humana, el pecado hizo su residencia en el cuerpo caído del hombre (7:17-18, 21, 23). El pecado no habita en nuestra mente, en nuestra alma ni nuestro espíritu. El alojamiento del pecado es nuestro cuerpo. Pablo dijo que el pecado habitaba dentro de él, que la ley del pecado estaba en los miembros de su cuerpo, y que en su carne no había nada bueno, solamente pecado (7:17-18, 23). El pecado habita en nuestro cuerpo. Aunque nuestro cuerpo fue creado por Dios como algo bueno, llegó a ser carne una vez que el pecado hubo sido inyectado en él, y ha hecho su casa allí. Aunque Dios creó nuestro cuerpo, El no creó la carne. La carne es una mezcla de la creación de Dios con el pecado, el maligno. De esta manera, el cuerpo ha llegado a ser la carne, y el pecado habita en esta carne. Todo tipo de lujuria tiene su fuente en la carne.

3. Teniendo a la Ley como Su Poder

El pecado tiene a la ley como su poder (1 Co. 15:56; Ro. 7:11). Sin la ley, el pecado es ineficaz. De acuerdo con Romanos 7:11, el pecado nos mata por medio de la ley, porque la ley da su poder al pecado. El pecado usa a la ley como un cuchillo para matarnos. Primera de Corintios 15:56 dice: "El poder del pecado, la ley". No toques la ley, porque si lo haces, tocarás el cuchillo mortal del pecado. Nosotros somos absolutamente incapaces de guardar la ley, y es tonto que aun lo tratemos. Si intentamos guardar la ley, el pecado usará a la ley para matarnos.

4. Reinando en la Muerte

El pecado reina en la muerte (5:21; 6:12). El pecado, como cualquier otro rey, necesita una autoridad a fin de reinar. La autoridad del pecado es la muerte. El pecado tiene autoridad para reinar como un rey en la muerte. Romanos 5:21 y 6:12 muestran al pecado reinando como un rey.

El pecado está en nuestra carne, nuestro cuerpo caído. Este pecado no es un acto de maldad; es la personificación del maligno. En Romanos 7:21 Pablo dijo que "el mal" estaba presente con él. La palabra griega traducida "el mal" en este versículo es *kakós*, una palabra que denota lo que es malo en carácter. Esto debe referirse al carácter malo de Satanás mismo. Yo no tengo duda de que el pecado que ha entrado en nuestro cuerpo es la encarnación de Satanás. Cuando el hombre comió el fruto del árbol del conocimiento, aquel fruto entró en su ser. En efecto, todo lo que comemos entra en nuestro cuerpo. Como ya hemos visto, el árbol de la vida en el jardín denotaba a Dios, y el árbol del conocimiento significaba a Satanás. Por lo tanto, cuando el hombre participó del árbol del conocimiento, el hombre tomó a Satanás, el maligno, dentro de él. El cuerpo creado por Dios originalmente no tenía maldad en él. La Biblia dice que el hombre creado por Dios era muy bueno y recto (Gn. 1:31; Ec. 7:29). Sin embargo, después de la caída otro elemento fue inyectado dentro del cuerpo del hombre. Aquel elemento fue el pecado, la naturaleza misma del maligno. Este pecado reina en nosotros. Su poder es la ley y reina en la muerte.

B. La Muerte

1. Habiendo Venido a Través del Pecado

La segunda cosa reinante es la muerte. La muerte vino a través del pecado (5:12), porque el pecado abrió el camino para que la muerte entrase en la humanidad. El aguijón de la muerte es el pecado (1 Co. 15:56). Un aguijón, tal como el aguijón de un escorpión, contiene veneno. El pecado del mismo modo tiene el elemento del veneno. Una vez que el pecado nos envenena, experimentamos la muerte.

2. Reinando a Través de Un Hombre Sobre Todos los Hombres

A través de la ofensa de Adán la muerte reina sobre todos los hombres (5:17, 14). De acuerdo con Hebreos 2:14, Satanás tiene el poder de la muerte. Por esto, Satanás está íntimamente relacionado a la muerte. El pecado introduce a la muerte, y la muerte reina con poder en las manos de Satanás. De esta manera, Satanás está relacionado a la muerte, la muerte está relacionada al pecado, y el poder del pecado es la ley. Todos nosotros no debemos acercarnos a la ley, al pecado, a la muerte ni a Satanás.

C. La Gracia

1. Habiendo Venido a Través del Segundo Hombre

Juan 1:14 nos dice que cuando Cristo fue encarnado como un hombre, El estaba lleno de gracia. Juan 1:17 dice que la ley fue dada por Moisés, pero que la gracia vino a través de Jesucristo. La gracia vino con Cristo. Esto significa que cuando Cristo está presente la gracia también está presente. Tal como el pecado es la personificación de Satanás, la gracia es la personificación de Cristo. Por lo tanto, la gracia es Cristo, la incorporación de Dios. ¿Qué es la gracia? La gracia es Dios encarnado para ser nuestro disfrute. Dios se nos ha dado para nuestro disfrute. Si comparamos 1 Corintios 15:10 con Gálatas 2:20, vemos que la gracia de Dios es Cristo. En 1 Corintios 15:10 Pablo dice que laboró más abundantemente que los otros apóstoles, aunque no fue él mismo, sino la gracia de Dios que estaba con él. En Gálatas 2:20 Pablo dice que no era él, sino Cristo viviendo en él. Por lo tanto, la gracia es la Persona viviente de Cristo. Segunda de Corintios 13:14 también menciona la gracia de Cristo. Por lo tanto, Cristo es la gracia de Dios. Cuando Cristo viene a nosotros como Dios incorporado para nuestro disfrute, eso es la gracia. Esta gracia ha venido a través del segundo hombre.

2. Abundando y Reinando a Través de la Justicia hacia la Vida Eterna

Esta gracia abunda, se multiplica y reina a través de la justicia hacia la vida eterna (5:15, 20-21). Hemos visto que a través de la redención de Cristo tenemos la justicia de Dios, y que esta justicia nos da la base para reclamar a Cristo como nuestra gracia. Esta gracia está abundando y multiplicándose constantemente. El abundar de la gracia resulta en reinar hacia la vida eterna. El resultado no es algo que sea material y temporal, sino algo en el reinado de la gracia que es eterno y divino: la vida divina de Dios. Mientras más disfrutamos la gracia, más vida tenemos. Esta vida es una vida santificadora, una vida transformadora, una vida que conforma, y una vida glorificadora. Esta vida procede de la gracia.

D. Los Creyentes

Los creyentes también reinan, porque los creyentes son reyes.

1. Habiendo Recibido la Abundancia de la Gracia y del Don de la Justicia

Romanos 5:17 dice: "Reinarán en vida por uno solo, Jesucristo, los que reciben la abundancia de la gracia y del don de la justicia". ¿Cómo podemos reinar en la vida? Reinamos en la vida al recibir la abundancia de la gracia.

Necesitamos considerar el significado práctico de la abundancia de la gracia. Supongamos que tú tienes un cierto problema. Si encuentras fácil preocuparte de este problema, significa que tienes una provisión adecuada de gracia. Si encuentras que tu situación es insoportable, prueba que te falta la abundancia de la gracia. Aunque tienes gracia, solamente tienes una porción pequeña. No tienes la abundancia de la gracia. Muchas veces un hermano se ofende cuando le hablamos una palabra franca. ¿Por qué está ofendido? Porque está escaso de gracia. Si tiene la abundancia de la gracia, esa gracia le sostendrá y le capacitará para soportar una palabra dura. La cosa más difícil de soportar para nosotros es una palabra dura. A todos nos gusta oír palabras suaves, palabras dulces, palabras azucaradas. Los habladores lisonjeros saben cómo azucarar sus palabras. Sin embargo, si te gustan las palabras azucaradas, serás engañado. Es mucho mejor hablar palabras saladas. En Colosenses 4:6 Pablo nos dice que nuestra habla siempre debe estar sazonada con sal. Esto significa que debemos ser restringidos en nuestra habla. Las palabras útiles son las palabras saladas, no las palabras azucaradas. Aprende a aceptar las palabras saladas. Si estás lleno con la gracia y tienes la abundancia de la gracia, estarás feliz con cualquier tipo de palabras.

Pablo tenía cierta dificultad, una espina en la carne, y pidió al Señor tres veces que la removiera (2 Co. 12:7-9). El Señor pareció responderle: "Yo no removeré la espina. Tú debes sufrirla por Mi gracia. Mi gracia te es suficiente". ¿Qué es la gracia? Es la encarnación de Cristo. Es nada menos que Cristo mismo como nuestro disfrute. Cuando tú disfrutes esta gracia, el resultado será la vida. Serás rico en la vida. Mientras más soportes penalidades por la gracia, más lleno serás con la vida.

De esta manera, Pablo dijo que la gracia no solamente "abundó a los muchos", sino que también "la gracia reine por la justicia para vida eterna". La vida continuamente sale de la multiplicación de la gracia. La gracia debe abundar. Romanos 5:20 dice: "Cuando el pecado abundó, sobreabundó la gracia". La gracia siempre excede al pecado. Aunque el pecado es poderoso, la gracia es más poderosa. La gracia es más fuerte que el pecado. Nosotros necesitamos abrirnos a la gracia y aumentar nuestra capacidad para recibir gracia sobre gracia. Juan 1:16 dice: "De su plenitud tomamos todos, y gracia sobre gracia". Cristo es la fuente de la gracia y Cristo es la gracia misma. Si nos abrimos a Cristo y recibimos "la abundancia de la gracia", seremos llenos con la vida.

Esta vida llega a ser la vida creciente que se encuentra en Romanos 6. También es la vida santificante, la vida liberadora, la vida transformadora y la vida que conforma. Eventualmente, esta vida será la vida glorificante. Este es el resultado de disfrutar a Cristo como gracia.

2. *Reinando en la Vida a Través del Cristo Hombre*

Tal como la gracia reina hacia la vida, así nosotros los que "reciben la abundancia de la gracia... reinarán en vida por uno solo, Jesucristo" (5:17). Desde el principio de Romanos hasta el 5:11, hay poca mención de la vida. Romanos 5:10 dice que seremos salvos en Su vida, y Romanos 1:17 nos dice que el justo tendrá vida y vivirá por la fe. Sin embargo, cuando entramos en la sección sobre la santificación, encontramos una palabra fuerte en Romanos 5:17, diciéndonos que "reinaremos en la vida". Por esto, podemos "andar en novedad de vida" (lit., 6:4). Nosotros reinamos en la vida y caminamos en la novedad de vida porque hemos recibido la abundancia de la gracia en Cristo. Hoy día a través del hombre Jesucristo, por la abundancia de Su gracia, no solamente tenemos la vida eterna, sino que podemos reinar sobre todas las cosas y todas las situaciones en esta vida, y podemos caminar en su novedad.

ESTUDIO-VIDA DE ROMANOS

LA IDENTIFICACION CON CRISTO

Romanos 5:12 marca un giro mayor en el escrito de
Pablo en el libro de Romanos. Como ya hemos señalado,
este giro es un giro desde los pecados al pecado, desde la
posición a la disposición, y desde la justificación a la
santificación, o podemos decir desde la salvación a la vida.
Después de hacer tal giro, Pablo empieza a tratar con
nuestra persona en vez de nuestro comportamiento. En los
primeros cuatro y medio capítulos de Romanos Pablo
estaba interesado con los hechos del hombre, no con el
hombre mismo, y los actos pecaminosos del hombre caído
fueron cubiertos comprensivamente. Nosotros hemos sido
llevados fuera de ese estado caído al dominio de la gracia,
donde podemos disfrutar a Dios. Sin embargo, éste fue
simplemente un cambio de estado, de dominio y de
posición. Hasta ahora, no ha habido cambio en el hombre
mismo, en su naturaleza o disposición. Aunque los hechos
del hombre han sido tratados y su condición cambió, el
hombre mismo todavía no ha sido tocado.

Empezando con Romanos 5:12, Pablo trata con el
hombre mismo. Debemos ir más allá de la condición, la
situación, el medio ambiente y el estado del hombre, porque
todas estas cosas han sido completamente establecidas en
los capítulos anteriores. Estos problemas han sido solucio-
nados, y el hombre ha sido limpiado, perdonado, justificado
y reconciliado. Ahora el problema en la mira es el hombre
mismo. En ninguna otra porción de la Palabra Divina el
hombre es expuesto tan a fondo como en Romanos 5 al 8.
En estos cuatro capítulos el hombre es diagnosticado
agudamente por Pablo. Pablo parece usar cada instrumento
espiritual disponible para diagnosticar la enfermedad del
hombre.

¿Qué tipo de hombre es expuesto en esta sección de Romanos? Es un hombre con pecado en él, un hombre bajo el reinado de la muerte y, por lo tanto, un hombre bajo el juicio justo y la condenación de Dios. El hombre ha sido envenenado con la naturaleza maligna de Satanás, herido por el veneno del pecado. El hombre mismo es absolutamente pecaminoso, no solamente en sus hechos terribles, sino también en su disposición y su naturaleza. En cuanto al ser del hombre se refiera, él es totalmente pecaminoso. El pecado está en el cuerpo caído del hombre, y el hombre está bajo el reinado de la muerte, juzgado y condenado por Dios. Este es el diagnóstico dado en Romanos 5 al 8.

Antes de que continúe con Romanos 6, quiero revisar el material que cubrimos en la última parte del capítulo 5: los dos hombres, los dos hechos y los dos resultados con las cuatro cosas reinantes. Aunque estos asuntos fueron cubiertos brevemente en el mensaje diez, quizás beneficiará al lector si nos acercamos a ellos desde otra perspectiva.

Ahora quiero hacer un contraste claro y definido entre todo lo que pertenece a Adán y todo lo que pertenece a Cristo. A fin de hacer esto podemos usar la terminología de débito y crédito que se encuentra en la contabilidad. En contabilidad tenemos una columna de débito y una columna de crédito. Basados sobre estas columnas, podemos calcular o hacer una cuenta. Yo no soy el primero en usar la palabra cuenta respecto a las cosas espirituales, porque el apóstol Pablo, quien era un buen contador celestial, usó este término. Varias veces en el libro de Romanos Pablo emplea la palabra "contar", la cual también significa "poner a la cuenta". Primero, Dios contó la fe de Abraham como justicia (4:3, 9, 22). Cuando Abraham reaccionó a Dios al creer en El, Dios, como el contador jefe celestial, miró las cifras y pareció decir: "Esta fe de Abraham debe ser contada como justicia. Yo acredito a Abraham con justicia". De esta manera, Dios puso la justicia en la columna de crédito de la cuenta de Abraham. Además, Pablo dice que el pecado no es contado donde no hay ley (5:13). Una traducción mejor de esta palabra es que el pecado no es puesto a la cuenta sin la ley. Decir que el

pecado no es contado, realmente quiere decir que el pecado
no es puesto a la cuenta. Sin la ley el pecado existía, pero
no fue entrado en el libro de contabilidad de Dios. Cuando
llegamos a Romanos 6, debemos usar nuestra matemática
espiritual para hacer algún trabajo de contabilidad (v. 11).
Ya que hemos sido crucificados con Cristo y resucitados
con El, debemos hacer una entrada de este hecho en
nuestro libro de contabilidad, es decir, debemos contarnos
muertos al pecado y vivos para Dios.

Procedamos a dibujar dos columnas, una columna de
débito y una columna de crédito, para Adán y Cristo. El
primer ítem en el lado de débito del libro mayor es Adán
mismo. Adán constituye un gran débito para todos
nosotros. Bajo Adán, el segundo ítem es la transgresión, o
para usar términos sinónimos, la ofensa o la desobediencia.
Como se usan en Romanos 5, las palabras transgresión,
ofensa y desobediencia, se refieren todas a la misma cosa.
Se usan intercambiablemente para designar la caída de
Adán. Esta caída causó un débito tremendo, el cual,
cuando es puesto en términos monetarios, es una cantidad
que llega a los billones. El tercer ítem en la columna de
débito es el pecado, el cual entró a través de la transgresión
de Adán. De acuerdo con Romanos 5, el juicio, el cuarto
ítem del débito, sigue a la entrada del pecado. Dios es un
Dios sobrio. El no es solamente justo, sino sobrio también,
siempre en alerta. Dios nunca duerme. Inmediatamente
después que Adán transgredió, Dios intervino y ejercitó el
juicio. De esta manera, el juicio siempre sigue al pecado.
No pienses que tú debes esperar hasta tu muerte para que
seas juzgado, porque todos fuimos juzgados en Adán hace
seis mil años. Fuimos juzgados antes de que naciéramos.
De esta manera, el juicio es el cuarto ítem en la columna de
débito. El quinto ítem es la condenación. La condenación
de Dios sigue a Su juicio. Por lo tanto, Adán, con todos
incluidos en él, está bajo la condenación de Dios. Ya que
nosotros salimos de Adán, estábamos allí cuando Adán fue
condenado.

¿Cuál es el total de la columna de débito? El total es la
muerte. Podemos registrar a la muerte como el ítem

número seis, aunque realmente es el total de los primeros cinco ítems. La suma total de Adán, la transgresión, el pecado, el juicio y la condenación, es la muerte. Este es el total de la columna de débito universal en el registro de la contabilidad de la raza humana.

¡Aleluya por la columna de crédito! En la cuenta universal también tenemos una columna de crédito. El primer ítem en esta columna es Cristo, quien está contra Adán. Aunque Cristo está contra Adán, no hay comparación entre ellos. Pablo dice: "Pero el don no fue como la transgresión" (5:15). Adán no es como Cristo, porque Adán no puede compararse con Cristo. Cristo supera lejos a Adán. Cuando el registro de Cristo es ubicado en la columna de crédito, es seguido por billones de ceros. Yo estoy muy contento porque todo esto ahora es nuestro crédito. No me preocupo por el débito de Adán. Yo tengo a Cristo.

Debajo de Cristo tenemos el segundo ítem en la columna de crédito, la obediencia. La obediencia de Cristo en la muerte de la cruz es llamada Su hecho justo. Los dos términos obediencia y hecho justo son sinónimos. El hecho de Adán es llamado transgresión, ofensa y desobediencia; el hecho de Cristo es llamado obediencia o un hecho justo. ¿Cuál es el valor de la obediencia de Cristo? No hay un computador en existencia que pueda calcularlo.

Tal como la obediencia y la justicia de Cristo están contra la desobediencia y la transgresión de Adán, así también la gracia está contra el pecado. Por esto, la gracia es el tercer ítem en la columna de crédito. ¿Cuál es más prevaleciente, el pecado o la gracia? Pablo nos dice claramente que no hay comparación, porque "cuando el pecado abundó, sobreabundó la gracia" (5:20). ¿A qué grado la gracia excedió al pecado? Yo no sé, y aun Pablo mismo dijo simplemente que fue "mucho más". No nos preocupemos por el débito del pecado, porque el crédito de la gracia es mucho más (5:17).

Hemos visto que el juicio es el cuarto ítem en la columna de débito. ¿Cuál ítem en la columna de crédito corresponde a éste? El ítem que está contra el juicio es el don de la justicia (5:17). Quizás tú nunca has entendido esto. ¿Qué significa la palabra don en Romanos 5? Algunos dirán que significa hablar en lenguas u otros dones milagrosos. Sin embargo, si tú lees Romanos 5, verás que el don mencionado allí es la justicia de Dios. Romanos 5:17 habla de la abundancia de la gracia y del don de la justicia. La gracia de Dios ha sido develada, viniendo a nosotros y dándonos un don gratis: la justicia de Dios. Si lees Romanos 5 una y otra vez, verás que esto es así, que el don en Romanos 5 es la propia justicia dada a nosotros por la gracia de Dios. Como hemos visto, la gracia es Dios mismo como nuestro disfrute. Procedente de este disfrute, de esta gracia, la justicia de Dios nos es dada como nuestro don. Procedente del pecado vino el juicio, y procedente de la gracia viene la justicia. De esta manera, la justicia está contra el juicio. Mientras tú tengas la justicia de Dios, no estás bajo el juicio. La justicia borra el juicio. Si tengo la justicia de Dios, ¿cómo puedes juzgarme? Yo soy tan justo como lo es Dios. Mientras tengamos el don de la justicia, el juicio es imposible.

Después del don de la justicia, tenemos la justificación, la cual está contra la condenación. Por lo tanto, tenemos cinco ítems en la columna de crédito. El total de estos ítems es la vida, la cual también puede ser considerada como el sexto ítem.

Equilibremos nuestra cuenta. Tenemos a la muerte como el total en el lado del débito, y a la vida como el total en el lado del crédito. ¿Cuál es mayor? Ciertamente la respuesta es la vida. Sin embargo, esta vida no es nuestra vida física (*bíos*, Lc. 8:14), ni nuestra vida almática (*psucé*, Mt. 16:25-26; Jn. 12:25); se refiere a la vida de Dios divina, eterna, increada e ilimitada que absorbe a la muerte (*zoé*, Jn. 11:25; 14:6; Col. 3:4). Esta vida es Cristo mismo como nuestra vida de resurrección. De esta manera, el total en el lado del crédito vale mucho más que el total en el lado del débito.

Con todo esto como un fundamento, ahora procedamos a Romanos 6. Si no tenemos Romanos 5 como un fundamento, nunca podemos estar claros acerca de Romanos

6. Ya no es una cuestión de dos situaciones o de dos estados; es una cuestión de dos personas, de dos hombres. El primer hombre es Adán con todos los débitos, y el segundo hombre es Cristo con todos los créditos. ¿A cuál persona perteneces?

I. IDENTIFICADOS CON CRISTO EN SU MUERTE Y EN SU RESURRECCION

Ya que todos nacimos en Adán, ¿cómo podemos decir que ahora estamos en Cristo?

A. Bautizados dentro de Cristo

En Romanos 6:3 Pablo dice: "¿Sois ignorantes de que muchos de nosotros que hemos sido bautizados dentro de Cristo Jesús hemos sido bautizados dentro de Su muerte?" (lit.). Aunque nacimos en la primera persona, Adán, hemos sido bautizados dentro de la segunda persona, Cristo. ¡Cuán lamentable es que los cristianos discutan acerca de la forma exterior del bautismo! Algunos disputan acerca del tipo de agua usada, y algunos discuten acerca del método del bautismo. El bautismo significa ser puesto dentro de Cristo y dentro de Su muerte. Si éramos buenos o malos, nacimos en Adán. Ahora vemos a otro hombre, a Cristo. ¿Cómo podemos entrar en El y ser una parte de El? La forma es ser bautizado dentro de Cristo. El significado del bautismo es poner a la gente dentro de Cristo. No es un rito ni una forma; es una experiencia sumamente significativa. Una transferencia espiritual debe suceder en el acto del bautismo, y si no tenemos una realización de esto, no debemos tocar el asunto del bautismo. Nunca bauticemos a la gente en una forma ritual. Debemos tener la seguridad y la realización de que cuando bautizamos a las personas estamos poniéndolas dentro de Cristo. Una vez que realicemos el significado del bautismo no permitiremos que degenere en una forma o ritual externos. El bautismo es un acto en el cual ponemos los miembros de Adán dentro de la muerte, con lo cual los transferimos fuera de Adán y dentro de Cristo. Las personas son bautizadas dentro de Cristo. Hasta la versión King James usa la palabra "dentro" en

Romanos 6:3. ¡Cómo la gente ha errado el blanco respecto al bautismo en sus argumentos divisivos acerca de las formas y los métodos! Cada vez que bauticemos a las personas, solamente preocupémonos de que las ponemos dentro de Cristo. Es terrible perpetuar un ritual, pero es maravilloso bautizar a las personas dentro de Cristo.

¡Alabado sea el Señor de que nosotros hemos sido bautizados dentro de Cristo! Aunque nacimos en Adán, por el bautismo hemos sido identificados con Cristo en Su muerte y Su resurrección. A través de la muerte y la resurrección Cristo fue transfigurado desde la carne al Espíritu. Aun Cristo mismo necesitó a la muerte y la resurrección para transformarle desde la carne al Espíritu. Del mismo modo, a través de la identificación con Cristo en Su muerte y Su resurrección, hemos sido transferidos fuera de Adán y dentro de Cristo. Cuando fuimos bautizados dentro de Cristo, fuimos transferidos desde ser una parte de Adán a ser una parte de Cristo. Ahora ya no estamos en Adán. Estamos absolutamente en Cristo. Este es el hecho de la identificación. Ahora debemos ver y comprender claramente dos puntos adicionales relacionados con esto.

B. Bautizados dentro de Su Muerte: Creciendo Junto con El en la Semejanza de Su Muerte

Romanos 6:5 dice que "hemos crecido junto con El en la semejanza de Su muerte" (lit.). ¿Qué significa esto? La frase "semejanza de Su muerte" en Romanos 6:5 se refiere al bautismo. El bautismo es la semejanza de la muerte de Cristo. En el bautismo, hemos crecido junto con Cristo. Esta frase "crecido junto" proporciona un problema difícil a los traductores. Sin embargo, si nos quedamos muy cerca del significado de la palabra griega, no habrá dificultad. La misma palabra griega se usa en Lucas 8:7 para hablar de las espinas que crecieron junto con el trigo. Del mismo modo, nosotros hemos crecido junto con Cristo. Cuando fuimos bautizados dentro de Cristo, en un sentido morimos; en otro sentido empezamos a crecer. Esto se parece mucho a la siembra de la semilla en la tierra. Aparentemente la semilla está sembrada; realmente empieza a crecer. Al ser bautizados dentro de Cristo todos hemos crecido junto con Cristo en la semejanza de Su muerte. Ya que hemos crecido junto con El en la semejanza de Su muerte, ahora estamos creciendo junto con El. Hemos crecido, pero estamos creciendo.

C. Caminando en la Novedad de la Vida

También estamos creciendo junto con Cristo en la semejanza de Su resurrección (6:4-5). ¿Qué es la semejanza de Su resurrección? Es la novedad de la vida. Todos debemos caminar en esta novedad de vida. Todos debemos ver estos dos puntos. Debemos ver que hemos crecido junto con Cristo en el bautismo y que crecemos junto con El en la semejanza de Su resurrección, es decir, en la novedad de Su vida resucitada. Si vemos esto, significa que vemos que hemos muerto con El y que ahora estamos creciendo con El. Fuimos sepultados con El en el bautismo y ahora estamos creciendo con El en Su resurrección, en Su vida divina. Nosotros debemos caminar de acuerdo con lo que vemos, es decir, caminar en la novedad de la vida.

II. CONOCIENDO Y CONTANDO

A. Conociendo al Ver

En Romanos 5 nacimos en Adán y fuimos constituidos pecadores. En Romanos 6 hemos sido bautizados dentro de Cristo y hemos sido identificados con Su muerte y Su resurrección. Ahora estamos en Cristo. Ya que estamos en El, todo lo que El ha pasado es nuestra historia. El ha sido crucificado y resucitado. De esta manera, Su crucifixión y Su resurrección son nuestras. Este es un hecho glorioso. Necesitamos ver esto, no sólo comprenderlo. Necesitamos orar para que el Señor nos dé una visión clara del hecho glorioso de que estamos en El, y de que hemos sido crucificados y resucitados con El. Para conocer esto necesitamos ver tal visión. Tal visión es básica para nuestro conocimiento. Después que vemos una cierta cosa, nunca podemos decir que no la conocemos. Dios ha efectuado el hecho glorioso de ponernos dentro de Cristo; hemos sido crucificados y resucitados con El.

Nuestro conocimiento está basado sobre nuestra vista, y nuestra vista procede de la visión. Necesitamos una visión para ver nuestra co-crucifixión con Cristo en Romanos 6:6-7, y nuestra co-resurrección con Cristo en Romanos 6:8-10. Si hemos visto estos dos aspectos del hecho de nuestra identificación con Cristo, sabemos que estamos muertos al pecado y vivos para Dios.

Aquí no es un asunto basado sobre nuestra creencia, sino un asunto basado absolutamente sobre nuestra vista. Cuando por una visión vemos este hecho glorioso, no podemos menos que creerlo y realizar que hemos muerto con Cristo y que también hemos sido levantados con El. Por este tipo de vista sabemos con total seguridad de que estamos muertos al pecado y vivos para Dios.

Yo debo enfatizar una vez más que necesitamos una visión para ver el hecho glorioso revelado en Romanos 6. Muchos cristianos tienen el conocimiento doctrinal de Romanos 6, pero nunca han visto una visión del hecho develado en este capítulo. Comprender una cosa doctrinalmente es del todo diferente de ver esa misma cosa en una visión. Este problema respecto a Romanos 6 está muy generalizado entre los cristianos. Muchos piensan que comprenden la doctrina de Romanos 6, pero no han visto el hecho por una visión. Muchos dan énfasis al asunto de creer. Pero si tú no ves el hecho, será difícil que creas por tu entendimiento doctrinal. Una vez que lo veas en una visión, tendrás fe en él espontáneamente. Por esto, lo que Pablo quiere decir por "Sabiendo esto" es realmente la vista de un hecho en una visión espiritual. De esta manera, todos debemos orar para que el Señor nos libre del contentamiento de un simple entendimiento doctrinal de Romanos 6, y nos conceda una visión clara en nuestro espíritu para que veamos el hecho glorioso revelado en este capítulo. Entonces lo conoceremos en su realidad.

B. Contando al Creer

Basados sobre nuestra vista del hecho revelado en Romanos 6, debemos hacer nuestro trabajo de contabilidad. Debemos contarnos muertos al pecado y vivos para Dios

(6:11). Por una parte, debemos contarnos muertos al pecado; por otra parte, debemos contarnos vivos para Dios. Esta cuenta está basada sobre nuestra vista. Yo he visto que he muerto con Cristo y que estoy creciendo con Cristo en Su resurrección. Por lo tanto, automática y continuamente, me cuento muerto al pecado y vivo para Dios. Este es un asunto de contabilidad. Debajo de nuestra cuenta tenemos un gran ítem de crédito: muertos al pecado y vivos para Dios.

La cuenta es un asunto de la creencia producida por la visión. Habiendo visto los hechos, nos contamos muertos al pecado y vivos para Dios al creer que hemos sido crucificados y resucitados con Cristo. Una vez que hemos visto el hecho, creemos que somos tales personas. Entonces nos contamos al creer lo que hemos visto.

A muchos cristianos se les ha enseñado la técnica de contarse como muertos, y muchos han practicado esta técnica. Eventualmente, como todos podemos probar, esta técnica no funciona. No es un asunto de técnica; es un asunto de ver el hecho que resulta en contar con una fe espontánea. Usar simplemente la técnica de contar de acuerdo con el entendimiento doctrinal sin ver el hecho, siempre terminará en fracaso. Solamente después que el apóstol Pablo menciona el asunto de conocer al ver el hecho (vv. 6-10), nos dirije a contarnos muertos al pecado y vivos para Dios (v. 11). La cuenta necesita la vista que resulta en la creencia. Si hemos visto el hecho, lo creeremos y lo contaremos en conformidad.

III. LA COOPERACION AL RECHAZAR Y PRESENTAR

Cuando nos contamos muertos al pecado y vivos para Dios, necesitamos presentar nuestros miembros como "armas de justicia a Dios" (lit., 6:13). La mayoría de las versiones no traducen esta parte de la Palabra en esta forma. En vez de "armas", la versión King James usa la palabra "instrumentos". Sin embargo, la misma palabra griega se usa en 2 Corintios 6:7 en la frase que está traducida "la armadura de justicia" (lit.). Es mejor traducir la palabra "armadura" como "armas". Pablo dice que tiene

las armas de justicia. De esta manera, el concepto de Pablo
en Romanos 6 es de armas de justicia, no de instrumentos
de justicia, debido a la guerra entre la justicia y la
injusticia. Romanos 7:23 prueba que una batalla está
furiosa dentro del hombre. Romanos 13:12 dice: "vistámonos
las armas de la luz". Esto también prueba que una guerra
está furiosa. En tal batalla no necesitamos instrumentos;
necesitamos armas. Cada miembro de nuestro cuerpo es un
arma. Debemos estar alertas para la próxima batalla,
porque estamos guerreando constantemente. Una vez que
realicemos que estamos muertos al pecado y vivos para
Dios, y nos contamos como tales, debemos presentar
nuestros miembros como armas de justicia para pelear la
batalla.

Además, necesitamos presentarnos a nosotros mismos y
a nuestros miembros como esclavos para Dios (6:16, 19, 22).
Si nos presentamos a nosotros mismos para Dios como
esclavos, y a nuestros miembros como armas de justicia,
seremos santificados espontáneamente. Esto significa que
tomamos partido con el Cristo resucitado que habita dentro
de nosotros como vida. Nosotros estamos firmes con esta
vida eterna. En esta forma damos a la vida eterna la
oportunidad para que trabaje dentro de nosotros, para
separarnos de todo lo común, y para santificarnos. El
resultado de esta presentación es la santificación. Este es
el orden de nuestra experiencia: nosotros vemos, contamos,
nos presentamos a Dios, rechazamos al pecado y coopera-
mos con Dios.

Nosotros debemos rechazar al pecado, porque todavía
habita en nuestro cuerpo caído (6:12). No cooperes nunca
más con el pecado. Rechaza al pecado y coopera con Dios.
No seas tan espiritual que llegues a ser pasivo y ceses de
hacer algo en absoluto. La pasividad es terrible. Si eres
pasivo, serás defraudado y engañado. No debemos ser ni
pasivos ni demasiado activos, ya que ni nuestra pasividad
ni nuestra actividad es de algún valor. ¿Entonces qué
debemos hacer? Debemos ver los hechos, contarnos muertos
al pecado y vivos para Dios, presentar nuestros miembros
y nosotros mismos a Dios, rechazar al pecado y cooperar

con nuestro Dios. No debemos hacer nada en lo nuestro. No trates de amar a tu esposa o de someterte a tu esposo. No trates de ser humilde o cariñoso. Sin embargo, necesitas rechazar al pecado. Cuando el pecado viene a ti con una proposición, debes decir: "Pecado, márchate de mí. Yo no tengo nada que ver contigo". No permitas que el pecado continúe enseñoreándose sobre ti (6:14). Esto significa que rechazas al pecado y te vuelves a Dios y dices: "Señor, yo soy Tu esclavo. Quiero cooperar contigo. Si amo o no a mi esposa, depende de Ti. En el asunto de amar quiero cooperar contigo. Quiero ser Tu esclavo. Cualquier cosa que hagas, yo te seguiré y cooperaré contigo". No seas pasivo ni activo. Simplemente rechaza al pecado y coopera con Dios. Si haces esto, no solamente serás justo, sino también santificado. Sufrirás un cambio interno y disposicional.

El resultado de la santificación es la vida eterna (6:22). De esta manera, Romanos 8 sigue a Romanos 6. Romanos 6 concluye con la santificación hacia la vida eterna; Romanos 8 empieza con el Espíritu de vida. No me preguntes dónde poner Romanos 7. Aunque este capítulo está en la Biblia y no puede ser suprimido, puede ser erradicado de nuestra experiencia. Podemos saltar desde el final de Romanos 6 al principio de Romanos 8.

Lo que el apóstol Pablo quiere decir en Romanos 6 es que, por una parte, estamos en el hecho de haber sido crucificados y resucitados con Cristo y que, por otra parte, tenemos la vida divina. El hecho de que hayamos sido crucificados y resucitados con Cristo nos ha transferido fuera de Adán dentro de Cristo. La vida divina nos capacita para vivir una vida santificada. Necesitamos ver que hemos sido transferidos. Basados sobre nuestra vista, nos contamos como tales al creer. Luego necesitamos cooperar con la vida divina rechazando al pecado y presentándonos a nosotros mismos y a nuestros miembros a Dios. Tenemos una posición para rechazar al pecado, porque ahora no estamos "bajo la ley, sino bajo la gracia" (6:14). El pecado no tiene base, ni derecho, para hacer algunas reclamaciones sobre nosotros, pero en vez de eso, manteniéndonos bajo la gracia, tenemos el derecho total para rechazar al pecado y su poder. En el mismo momento, al tomar partido con Cristo, nos presentamos a nosotros mismos y a nuestros miembros como esclavos a Dios para que la vida divina trabaje dentro de nosotros para santificarnos, no sólo posicionalmente, sino también disposicionalmente, con la naturaleza santa de Dios.

Como resumen, podemos decir que todos hemos sido bautizados dentro de Cristo. Al ser bautizados dentro de El hemos sido identificados con El en Su muerte y Su resurrección. Hemos crecido junto con El en Su muerte y ahora estamos creciendo junto con El en Su vida de resurrección. Vemos que estamos muertos al pecado y vivos para Dios y lo contamos así en nuestro libro de contabilidad celestial. Basados sobre esta cuenta, nos presentamos a nosotros mismos como esclavos a Dios y a nuestros miembros como armas de justicia. Esto proporciona la oportunidad para que la vida divina dentro de nosotros haga su obra santificadora. Entonces aprendemos a rechazar al pecado y a cooperar con Dios. El resultado de todo es la santificación, la cual termina con la vida eterna. ¡Alabado sea el Señor!

ESTUDIO-VIDA DE ROMANOS

MENSAJE DOCE

EL CAUTIVERIO DE LA LEY EN NUESTRA CARNE

(1)

En Romanos 5:12-21 vimos que el don en Cristo supera a la herencia en Adán. Romanos 6 reveló nuestra identificación con Cristo. A fin de tener una experiencia genuina de nuestra identificación con Cristo, debemos poner atención a los dos ítems negativos que se encuentran en Romanos 7: la ley y la carne. Romanos 7 expone el cautiverio de la ley en nuestra carne. Aunque hemos sido identificados con Cristo a través del bautismo, y aunque hemos crecido junto con El en la semejanza de Su muerte y ahora estamos creciendo junto con El en la semejanza de Su resurrección, la ley y la carne continúan existiendo. Podemos presentarnos como esclavos y a nuestros miembros como armas de justicia a Dios para que seamos santificados y disfrutemos las riquezas de la vida divina, pero todavía existen la ley de Dios fuera de nosotros y nuestra carne dentro de nosotros.

¿Por qué Pablo en el capítulo 7 habla con tal detalle acerca de la ley y de la carne? Porque Romanos 6:14 dice: "No estáis bajo la ley, sino bajo la gracia". En Romanos 5 y 6 Pablo explicó claramente que ahora estamos bajo la gracia, no bajo la ley. Sin embargo, todavía no ha explicado cómo puede ser que no estamos bajo la ley. Porque en el 6:14 Pablo dijo: "No estáis bajo la ley", él debe escribir otro capítulo para explicar cómo no estamos bajo la ley. Sin Romanos 7 nunca podríamos estar claros acerca de este asunto. Aunque la ley continúa existiendo, no estamos bajo ella; nada tenemos que ver con ella por más tiempo. ¿Dios ha revocado la ley? ¿El la ha anulado o abolido? La respuesta a estas preguntas es no. ¿Cómo entonces podemos decir que no estamos bajo la ley? ¿Cómo podemos estar fuera de la ley y removidos de ella? ¿Cómo podemos ser libres de la ley? La respuesta a estas preguntas se encuentra en Romanos 7, especialmente en los primeros seis versículos. Esta porción de la Palabra nos da una definición y una explicación plenas de por qué ya no estamos bajo la ley. Si comprendemos Romanos 7:1-6, sabremos cómo hemos sido absueltos de la ley.

I. LOS DOS MARIDOS

Si vamos a comprender cómo hemos sido librados de la ley, debemos conocer a los dos maridos en Romanos 7. En Romanos 5 tenemos dos hombres, dos hechos y dos resultados con las cuatro cosas reinantes. En Romanos 7:1-6 tenemos dos maridos, y en el 7:7-25 tenemos tres leyes. ¿Qué son los dos maridos en Romanos 7?

Cuando yo era un cristiano joven estuve ansioso por conocer la Biblia. Encontré especialmente difícil aprender quién fue el primer marido en Romanos 7. Traté de acumular las mejores exposiciones de las Escrituras. Sin embargo, todavía no pude determinar quién era el primer marido en Romanos 7. ¿El era la ley o la carne? Yo inquirí de los que eran eruditos en las Escrituras, pero ninguno de ellos estaba claro acerca de esto. Algunos decían que el primer marido era la ley, mientras que otros decían que era la carne. Yo leí Romanos 7 una y otra vez, haciendo todo lo posible por entenderlo. Continué estudiando este asunto durante años. Hace veintidós años conduje un estudio completo del libro de Romanos, pero aun en ese tiempo no estuve absolutamente cierto acerca del primer marido. Ahora, después de muchos años de estudio y experiencia, este asunto está claro.

¿Quién es el primer marido en Romanos 7? Debemos acercarnos a esta pregunta con toda la Biblia en la mira, porque debemos comprender un versículo de la Biblia de acuerdo a la Biblia como un todo. Adoptemos ahora tal vista respecto al primer marido en Romanos 7.

A. La Posición Original del Hombre: La Posición de una Esposa

En la creación de Dios la posición original del hombre fue la de una esposa. Isaías 54:5 dice que Dios nuestro Hacedor es nuestro marido. De esta manera, de acuerdo con la creación de Dios, el hombre tuvo la posición de una esposa. Como una esposa para Dios, debemos depender de El y tomarle como nuestra cabeza. Esta fue nuestra posición original.

B. La Posición Auto-asumida del Hombre Caído

Cuando el hombre cayó, él tomó otra posición, la posición auto-asumida del hombre viejo. El hombre caído asumió la posición de un marido. El hombre creado por Dios era una esposa; el hombre caído llegó a ser un marido. Asumiendo la posición del marido, el hombre caído se volvió independiente de Dios y se hizo cabeza como el marido. Antes de que tú fueras salvo, nunca te consideraste como una esposa. Si fueses una mujer, puedes haber pensado de ti que eras más fuerte que un hombre. Entre las personas caídas tanto los hombres como las mujeres piensan de sí mismos que son maridos. Muchas esposas han dicho: "¿Por qué debo estar bajo mi marido? El debería estar debajo de mí. ¿Por qué él debe ser la cabeza? Yo quiero ser la cabeza". Por esto, el hombre caído llegó a ser un marido fuerte y feo.

C. La Ley del Hombre Viejo

Ya que el hombre caído quería ser el marido, Dios le dio la ley. La ley no está proyectada para la esposa, sino para el marido caído. De esta manera, esta ley llega a ser la ley del hombre viejo, la ley del marido (7:2). Sin embargo, Dios no proyectó que el hombre viejo guardase la ley, porque el hombre viejo no puede guardarla. La ley fue dada para que el hombre viejo pudiese ser expuesto. La gente comete un gran error cuando piensa que Dios dio la ley al hombre para que la guardase. Por el contrario, Dios dio la ley al hombre para que él la quebrantara y para que, quebrantándola, fuese expuesto completamente. Si tú tratas de guardar la ley, estás incorrecto; si quebrantas la ley, estás correcto. La ley no fue dada para que el hombre la guarde; fue dada para que el hombre la quebrante.

Este pensamiento es bíblico. Romanos 3:20 dice: "Por medio de la ley es el conocimiento del pecado". La ley nos da el conocimiento del pecado. Si el hombre no tuviese la ley, continuaría cometiendo pecados, pero no los reconocería como tales. El hombre excusaría sus hechos pecaminosos, usando términos favorables para describirlos. Sin embargo, la ley identifica al pecado como pecado. Además, Romanos 4:15 dice: "Donde no hay ley, tampoco hay transgresión". Tú puedes pensar que la ley impide la transgresión, pero este versículo dice que la ley expone a la transgresión. Además, Romanos 5:20 dice: "Pero la ley entró para que la ofensa abundase" (lit.). La ley no entró para que la ofensa fuese reducida o restringida. Este es nuestro concepto y pensamiento naturales. Pablo dice que la ley entró para que la ofensa abundase, queriendo decir que puede crecer abundantemente. De esta manera, la Biblia indica que la ley no fue dada para que nosotros la guardemos, sino para que la violemos.

Tú puedes decir: "Yo no trataré de quebrantar la ley". Si quieres quebrantar la ley o no, nada significa, porque quebrantarás la ley. Tú no puedes evitar el quebrantar la ley. La ley dice: "Ama a tu prójimo como a ti mismo". Aunque trates de amar a tu vecino, no puedes hacerlo. Incluso los niños en la escuela no pueden amar a sus compañeros de clases como a sí mismos. Todos los que leen este mensaje han quebrantado y continúan quebrantando por lo menos uno de los diez mandamientos. ¿Quién puede guardar la ley? Nadie. La ley entró para que la ofensa abundara.

De acuerdo con Romanos 7:7, no habríamos conocido el pecado excepto por medio de la ley. En este versículo Pablo dice que él no habría conocido el codiciar excepto porque la ley había dicho: "No codiciarás". Como resumen podemos decir que la ley trabaja para que la ofensa abunde. Una vez que la ofensa abunda, la ley la expone como pecado.

En esta forma la ley nos lleva al conocimiento del pecado.

D. La Posición del Hombre Regenerado: La Posición de una Esposa Genuina

La posición del hombre nuevo regenerado es la posición de una esposa genuina. La regeneración nos restaura a nuestra posición original.

1. Teniendo al Hombre Viejo Crucificado

El primer marido de Romanos 7:2-3 no es la carne ni la ley, sino el hombre viejo de Romanos 6:6, el cual ha sido crucificado con Cristo. Si leemos Romanos 7:1-6 cuidadosamente, podemos ver una correspondencia entre esto y Romanos 6:6.

Muchos cristianos han tenido dificultad en comprender al primer marido mencionado en Romanos 7, porque la mayoría de ellos descuidó el hecho de que nosotros, los creyentes, después de ser salvos, tenemos dos estados: el viejo y el nuevo. Debido a la caída tenemos el estado viejo; debido a la regeneración tenemos uno nuevo. Por causa de la caída somos el hombre viejo, y por causa de la regeneración somos el hombre nuevo. Como el hombre viejo fuimos el marido; como el hombre nuevo somos la esposa. Por esto, tenemos dos estados.

Exploremos esto más allá considerando Romanos 7:1-6 en relación a Romanos 6:6 y a Gálatas 2:19-20. Romanos 7:1 dice: "La ley se enseñorea del hombre entre tanto que éste vive". Este versículo no presenta dificultad. En el 7:2 se nos dice que la "mujer casada está sujeta por la ley al marido mientras éste vive; pero si el marido muere, ella queda libre de la ley del marido". Por favor observemos que no dice "ella vive," sino "éste vive". Si el marido muere, la esposa está absuelta de la ley del marido. Romanos 7:3 nos dice que si mientras el marido vive, la esposa se casa con otro marido, ella será llamada adúltera. Sin embargo, si el marido muere, ella está libre de la ley y puede casarse con otro.

Los próximos tres versículos en Romanos 7 presentan algunas dificultades. El punto de crisis está en el 7:4.

Examinemos este versículo muy cuidadosamente. "Así también vosotros, hermanos míos, habéis muerto a la ley mediante el cuerpo de Cristo". Nosotros no fuimos muertos como un resultado del suicidio, sino a través del cuerpo de Cristo, queriendo decir que morimos en la cruz de Cristo. La frase "mediante el cuerpo de Cristo" modifica a muerte, indicando qué clase de muerte fue. No fue un suicidio; fue una co-crucifixión con Cristo. Cuando Cristo fue crucificado, nosotros morimos con El. Necesitamos comparar esto con Romanos 6:6, que dice: "Sabiendo esto, que nuestro viejo hombre fue crucificado juntamente con él". ¿Tú no crees que este versículo que dice que nuestro hombre viejo ha sido crucificado con El, corresponde con Romanos 7:4 que dice que fuimos muertos a través del cuerpo de Cristo? Debemos admitir que estas dos declaraciones corresponden una con otra. Sin duda, el "vosotros" que "habéis muerto a la ley mediante el cuerpo de Cristo" en el 7:4 es el "viejo hombre" que "fue crucificado juntamente con él" en el 6:6. Para ponerlo simplemente, el "vosotros" en el 7:4 es el "viejo hombre" en el 6:6.

Romanos 6:6 dice que el hombre viejo ha sido crucificado con El para que el cuerpo de pecado fuese hecho ineficaz. El hombre viejo, no el cuerpo, ha sido crucificado. Si tú dices que tu cuerpo ha sido crucificado, necesitas un funeral y un entierro. ¿Entonces qué le ha sucedido al cuerpo? El cuerpo ha sido hecho ineficaz; se ha vuelto inútil. El hombre viejo ha sido crucificado, pero el cuerpo permanece. Ya que el hombre viejo ha sido crucificado, el cuerpo está cesante. No obstante, Romanos 6:6 continúa con la frase "para que ya no sirvamos al pecado como esclavos" (lit.). El hombre viejo ha sido crucificado, pero todavía vivimos. No debemos servir más al pecado como esclavos.

Ahora regresemos a Gálatas 2:19. Este versículo dice: "Porque yo por la ley soy muerto para la ley, a fin de vivir para Dios". ¿Estamos muertos o vivos? ¿Somos dos personas o una? Por este versículo podemos ver que tenemos dos estados, que hay dos yo: un "yo" viejo y un "yo" nuevo. El "yo" viejo está muerto para que el "yo" nuevo viva. Esta no es mi interpretación; ésta es mi cita de Gálatas 2:19. Gálatas 2:19 dice que yo he muerto para que viva. Si no estoy muerto, nunca puedo vivir. Necesito estar muerto a fin de vivir. Yo muero para vivir. ¿A qué estoy muerto? De acuerdo con Gálatas 2:19, estoy muerto a la ley.

Gálatas 2:20 sigue declarando: "Con Cristo estoy juntamente crucificado", una frase que indudablemente corresponde con Romanos 6:6 y 7:4. Estos tres versículos se corresponden unos con otros. Gálatas 2:20 dice: "Con Cristo estoy juntamente crucificado; no obstante yo vivo" (lit.). ¿Cómo podemos ser personas crucificadas y continuar viviendo? ¿Estamos muertos o vivos? Ambos son verdaderos. Como el hombre viejo estoy muerto; como el hombre nuevo yo vivo. Aunque vivo, sin embargo no soy yo, sino Cristo quien vive en mí. Me gustan las tres palabras "no obstante", "sin embargo" y "sino". Si nos concentramos en estas tres palabras, estaremos claros acerca de nuestro estado doble. Yo he sido crucificado con Cristo, no obstante vivo, pero no yo, sino Cristo vive en mí. Esto es maravilloso. Esta es la enseñanza enfática de la Biblia. Luego, Gálatas 2:20 dice: "y lo que ahora vivo en la carne, lo vivo en la fe del Hijo de Dios". Este versículo revela que un creyente tiene dos estados: el estado de un hombre viejo y el estado del hombre nuevo regenerado.

Nosotros estuvimos perturbados por el marido viejo en Romanos 7:4 porque no pusimos atención al estado doble del cristiano. Como el hombre viejo fuimos el marido; como el hombre nuevo somos la esposa.

Ahora regresemos a Romanos 7:4. "Así también vosotros, hermanos míos, habéis muerto a la ley mediante el cuerpo de Cristo, para que os caséis con otro, el que resucitó de los muertos, a fin de que llevemos fruto para Dios" (lit.). En este versículo Pablo junta un funeral y una boda. Por una parte, fuimos sepultados; por otra parte, nos casamos. Hemos muerto para que nos casemos con otro. En Romanos 7:4 somos muertos para casarnos; en Gálatas 2:19 somos muertos para vivir. Si no tuviésemos dos estados, ¿cómo esto podría ser posible? Fuimos muertos de acuerdo con nuestro estado viejo para que pudiésemos casarnos con otro de acuerdo con nuestro estado nuevo. De acuerdo con nuestro estado nuevo, nos casamos con el que ha sido levantado de entre los muertos, para que llevemos fruto para Dios.

Ahora llegamos a Romanos 7:5-6. El versículo cinco dice: "Porque mientras estábamos en la carne, las pasiones pecaminosas que eran por la ley obraban en nuestros miembros llevando fruto para muerte". Este versículo habla de lo que éramos. El versículo seis dice: "Pero ahora estamos libres de la ley, por haber muerto para aquella en que estábamos sujetos, de modo que sirvamos bajo el régimen nuevo del Espíritu y no bajo el régimen viejo de la letra". Cuando estuvimos en la carne (v. 5), fuimos el marido viejo. Cuando fuimos absueltos de la ley (v. 6), llegamos a ser la esposa. Hemos sido absueltos de la ley del marido viejo, habiendo muerto a aquello en lo cual estuvimos retenidos.

Ahora debe estar muy claro quién es el marido viejo. El marido viejo es nuestro hombre viejo. La esposa es nuestro hombre nuevo regenerado. Como el hombre viejo estamos muertos, y como el hombre nuevo estamos vivos. Estuvimos muertos como el marido viejo, pero ahora estamos vivos como la esposa. Como veremos, la esposa hace dos cosas: lleva fruto para Dios y sirve en novedad de espíritu.

2. Librados de la Ley del Hombre Viejo

El hombre regenerado, que tiene al hombre viejo crucificado, ahora está libre de la ley del hombre viejo (Ro. 7:3-4, 6; Gá. 2:19). La ley fue dada al hombre viejo, pero el hombre viejo, el marido viejo, está muerto. Ya que mi marido viejo está muerto, yo, como su esposa, estoy absuelta de su ley. Pablo dice que la ley del marido gobierna a la esposa mientras su marido vive. Sin embargo, cuando el marido muere, la esposa está libre. Nuestro marido viejo era nuestro hombre viejo. Ahora somos el hombre nuevo regenerado. Ya que la ley fue dada al marido viejo y ya que él murió en la cruz, estamos absueltos de su ley. Es por esto que ya no estamos bajo la ley.

3. Casados a Cristo, el Marido Nuevo

Ahora estamos casados a Cristo, nuestro marido nuevo. Hemos visto que Romanos 7:4 dice que estamos casados a Cristo, "el que resucitó de los muertos". En 2 Corintios 11:2 Pablo también dice que él nos ha desposado a un marido, Cristo. Cristo es nuestro marido nuevo.

4. Tomando a Cristo como la Cabeza

Como seres regenerados, tanto los creyentes hombres como mujeres son parte de la esposa. Ya que Cristo es nuestro marido debemos depender de El y tomarle como nuestra Cabeza (Ef. 5:23). Si hacemos esto, llevaremos fruto en resurrección para Dios (7:4) y serviremos al Señor en novedad de espíritu (7:6). No estaremos más en la carne, sino en la novedad del espíritu.

Aquí el pensamiento profundo corresponde a la profundidad de la justificación de Dios vista en el ejemplo de Abraham. En la justificación de Dios El llamó a Su pueblo escogido fuera de todo lo que no es Dios de vuelta a Sí mismo. El los llamó fuera de su estado caído de regreso a Sí mismo, para que Su pueblo llamado y escogido no deba depender de sí mismo para su vivir, sino que dependa de Dios para todo. Esto quiere decir que cuando ellos vuelven a Dios le toman como su marido. Tomar a Dios como nuestro marido significa terminar todo lo que somos, tenemos y hacemos, y que confiamos en Dios para todo. Tomar a Cristo como nuestro marido también quiere decir que creemos en Cristo. No debemos vivir más por nosotros mismos, sino por Cristo. Debemos permitir que Cristo viva por nosotros. Por esto, el pensamiento profundo en Romanos 7:1-6 corresponde al pensamiento profundo respecto a la justificación en Romanos 4: la intención de Dios es llevarnos de vuelta a El mismo y hacernos poner nuestra confianza plena en El. No debemos vivir más por nosotros mismos, actuar por nosotros mismos, ni ser algo en nosotros mismos. Debemos ser totalmente terminados, y nuestra cabeza debe ser completamente cubierta. No somos más el marido. Nosotros, como el hombre viejo, hemos sido crucificados. Cristo ahora es nuestro marido.

En cualquier ceremonia de bodas la cabeza de la novia siempre está cubierta. De esta manera, en una boda hay dos personas, pero sólo una cabeza. La cabeza de la esposa está cubierta por el marido, y el marido es la cabeza. ¿Qué ha llegado a ser la esposa? Ella no es más independiente. Ha sido reducida a ser nadie en sí misma. ¿Te gusta oír esto? A mí sí. No me gusta oírlo porque soy un marido, sino porque soy una parte de la esposa. He sido anulado completamente y soy nadie. Cristo es mi marido y mi cabeza. No tengo mi propia cabeza. Mi cabeza ha sido cubierta.

Cristo no es solamente mi cabeza; El también es mi persona. Las esposas deben tomar a sus maridos como su persona, y no solamente como su cabeza. Incluso debemos tomar a Cristo como nuestra vida. Cristo es nuestro marido, nuestra cabeza, nuestra persona y nuestra vida. Nosotros hemos sido terminados y hemos llegado a ser nadie. Cristo vive en nosotros y para nosotros. Yo he sido llamado completamente afuera de todo lo demás, y llamado dentro de El. Creo en El y pongo toda mi confianza en El. Cristo es todo para mí. El es mi marido, mi cabeza, mi persona y mi vida. Por lo tanto, estoy completamente bajo la gracia, y no más bajo la ley en ninguna forma. La ley no tiene nada que ver conmigo, y yo no tengo nada que ver con la ley. "Yo por la ley soy muerto para la ley" (Gá. 2:19). Ahora en la gracia estoy vivo para Dios.

¿Tú todavía estás agobiado con todas las viejas enseñanzas que te mandan hacer tantas cosas? Cada vez que tratas de hacer algo en ti mismo, significa que tú, como el hombre viejo una vez más, estás volviendo a Agar. Todo lo que puedes producir es Ismael. No te unas a Agar; divórciate de ella. Ponla a un lado y dile que no tienes nada que ver con ella. Entonces, como el hombre nuevo, ven a Sara, la gracia de Dios, y en unión con ella producirás a Isaac, a Cristo. Tú experimentarás a Cristo y le disfrutarás. Esto no está correcto sólo doctrinalmente, sino que es maravillosamente verdadero de acuerdo con nuestra experiencia.

Consideremos Gálatas 4:21-26 un poco más. En este

pasaje Pablo alegoriza a Agar y a Sara como dos pactos: Agar como el pacto de la ley y Sara como el pacto de la gracia. Por esto podemos comprender que Agar tipifica al pacto de la ley, y que Sara tipifica al pacto de la gracia. De esta manera, Ismael fue producido por la obra de la ley, e Isaac fue dado a luz por la gracia. Gálatas 4:31 dice: "De manera, hermanos, que no somos hijos de la esclava, sino de la libre". Esto quiere decir que no somos hijos de la ley, sino hijos de la gracia. Por lo tanto, si vamos a Agar nos volvemos a la ley, pero si venimos a Sara nos volvemos a la gracia. Todos debemos venir a Sara y estar bajo la gracia para que experimentemos a Cristo más y más.

5. Llevando Fruto para Dios

Como esposa llevamos fruto para Dios. ¿Qué quiere decir esto, y por qué Pablo lo menciona en Romanos 7:4? Cuando estuvimos en la carne—es decir, cuando éramos el marido viejo—todo lo relacionado a nosotros era muerte. Todo lo que pudimos producir fue muerte. Todo lo que dimos a luz fue un fruto de muerte y para muerte. Ahora como una persona regenerada—es decir, como la esposa—llevamos fruto para Dios. Esto simplemente quiere decir que todo lo que hacemos ahora está relacionado a Dios. Antiguamente, todo lo que éramos y todo lo que hicimos fue muerte. Por lo tanto, en estos versículos vemos un contraste vívido entre la muerte y Dios, entre llevar fruto para muerte y llevar fruto para Dios. Esto prueba que cuando éramos el hombre viejo y el marido viejo, retenidos bajo la ley, todo lo que éramos e hicimos era muerte. El resultado fue fruto para muerte. Como el hombre y la esposa nuevos, casados con un marido nuevo, todo lo que somos y hacemos está relacionado a Dios. Nosotros llevamos fruto para Dios. ¿Qué quiere decir la frase "llevar fruto para Dios"? Quiere decir que Dios sale, que Dios es producido como fruto. De esta manera, todo lo que somos y hacemos debe ser el Dios viviente. Debemos producir a Dios como una inundación de Dios. En esta forma tenemos al Dios viviente como nuestro fruto y llevamos fruto para Dios.

6. Sirviendo al Señor en Novedad de Espíritu

Como esposa también debemos servir al Señor en novedad de espíritu, no en la antigüedad de la letra. La palabra espíritu en este versículo denota a nuestro espíritu humano regenerado, en el cual habita el Señor como el Espíritu (2 Ti. 4:22). Servimos en novedad de espíritu porque Dios ha renovado nuestro espíritu. Nuestro espíritu humano regenerado y renovado es una fuente de novedad para todo nuestro ser. En nuestro espíritu regenerado todo es nuevo, y todo lo que sale de él es nuevo. La antigüedad no está en nuestro espíritu regenerado; está con la ley vieja, los reglamentos viejos y las letras viejas. Por lo tanto, no servimos al Señor en la antigüedad de la letra, sino en la novedad de nuestro espíritu regenerado.

Todos debemos aprender a ejercitar nuestro espíritu. Cuando tú vengas a las reuniones de la iglesia, no ejercites tu memoria. Ejercita tu espíritu. Si ejercitas tu espíritu, tendrás algo nuevo que ofrecer a los hermanos y a las hermanas. Esto también es verdadero al dar un mensaje. Si yo retengo gran cantidad de información en mi memoria y trato de dar un mensaje de acuerdo con este material memorizado, ese mensaje será viejo, lleno de la antigüedad del conocimiento muerto. Sin embargo, si olvido mi memoria y ejercito mi espíritu cuando doy el mensaje, algo nuevo estallará. Tuve este tipo de experiencia durante la conferencia de Erie en 1969. En una reunión me puse de pie para hablar, pero no estaba claro respecto al contenido del mensaje. Me puse de pie por la fe, ejercitando mi espíritu. Inmediatamente, salió el asunto de los siete Espíritus en el libro de Apocalipsis. Todos los que oyeron ese mensaje pueden testificar que fue nuevo, fresco, poderoso y viviente. Ese fue el primer día en que apareció el Espíritu séptuplo e intensificado. Después de eso, regresé a Los Angeles para celebrar la conferencia de verano de 1969 sobre ese mismo tema. En el recobro del Señor en este país, aquel verano fue crucial y testificó un cambio mayor.

Nosotros necesitamos ejercitar nuestro espíritu continuamente, porque nuestro espíritu regenerado es una fuente de novedad. El Señor, la vida divina y el Espíritu Santo, están en nuestro espíritu regenerado. Todo en nuestro espíritu regenerado es nuevo. No recordemos la ley, porque en la ley no hay nada excepto antigüedad. En nuestro espíritu regenerado no hay nada excepto novedad.

Como personas regeneradas que se han casado con Cristo como el marido nuevo, debemos llevar fruto para Dios. Todo lo que hacemos, somos y tenemos, debe ser Dios mismo. Dios inunda desde nuestro ser para llegar a ser nuestro fruto para Dios mismo. También debemos servir al Señor en novedad de espíritu, no en la antigüedad de la letra, no en la antigüedad de la ley. Ya no tenemos nada que ver con la ley. Nosotros hemos sido librados de ella. Ahora estamos bajo la gracia, viviendo con y por nuestro marido nuevo, quien es Cristo.

ESTUDIO-VIDA DE ROMANOS

EL CAUTIVERIO DE LA LEY EN NUESTRA CARNE

(2)

II. LAS TRES LEYES

En el mensaje previo vimos a los dos maridos revelados en Romanos 7:1-6. En este mensaje consideraremos las tres leyes reveladas en el 7:7-25. Me gustaría leer cada versículo y, cuando sea necesario, hacer algunos comentarios sobre él.

"¿Qué diremos, pues? ¿La ley es pecado? En ninguna manera. Pero yo no conocí el pecado sino por la ley; porque tampoco conociera la codicia, si la ley no dijera: No codiciarás" (v. 7). Este versículo pone bastante en claro que la ley nos da el conocimiento del pecado, pues la ley expone al pecado y lo identifica como pecado.

"Mas el pecado, tomando ocasión por el mandamiento, produjo en mí toda codicia; porque sin la ley el pecado está muerto" (v. 8). El pecado utiliza a la ley, y la ley ayuda al pecado a trabajar en nosotros. Por esto, la ley no fue dada para ayudarnos, sino para asistir al pecado. Sin la ley, o aparte de la ley, el pecado está muerto.

"Y yo sin la ley vivía en un tiempo; pero venido el mandamiento, el pecado revivió y yo morí" (v. 9). La ley seguramente no nos ayuda; ella ayuda al pecado. La ley vino para revivir al pecado, para hacer vivo al pecado. Antes de que viniese la ley, el pecado estaba inactivo. Sin embargo, cuando apareció la ley, el pecado fue vivificado y revivido.

"Y hallé que el mismo mandamiento que era para vida, a mí me resultó para muerte" (v. 10). Aunque se suponía que la ley era para vida, eventualmente, en cuanto a nosotros se refiere, era muerte.

"Porque el pecado, tomando ocasión por el mandamiento me engañó, y por él me mató" (v. 11). El pecado es un homicida y la ley es el instrumento asesino. La ley es el cuchillo usado por el pecado para matarnos. Sin un cuchillo o un instrumento asesino es difícil matar a la gente. El pecado, usando a la ley, primeramente nos engaña y luego nos mata. Ya que los hechos del engaño y el asesinato son ciertamente el comportamiento de una persona, debemos considerar al pecado como la personificación de Satanás.

"De manera que la ley a la verdad es santa, y el mandamiento santo, justo y bueno" (v. 12). No hay problema respecto a la naturaleza de la ley. La naturaleza, la esencia de la ley, es santa, justa y buena.

"¿Luego lo que es bueno, vino a ser muerte para mí? En ninguna manera; sino que el pecado, para mostrarse pecado, produjo en mí la muerte por medio de lo que es bueno, a fin de que por el mandamiento el pecado llegase a ser sobremanera pecaminoso". Este versículo es una prueba adicional de que la ley no nos ayuda. En cambio, la ley hace al pecado sumamente pecaminoso. ¿Tú todavía eres atraído por la ley? No debemos acercarnos a ella.

"Porque sabemos que la ley es espiritual; pero yo soy carnal, vendido bajo el pecado" (lit., v. 14). La frase "vendido bajo el pecado" quiere decir vendido al pecado. El pecado es el comprador, el amo que compra, y hemos sido vendidos a él.

"Porque lo que hago, no lo reconozco; pues lo que deseo, esto no practico; pero lo que aborrezco, esto hago" (lit., v. 15). La palabra reconozco en este versículo no quiere decir que no sabemos. ¿Cómo podemos decir que no sabemos lo que hacemos? Ciertamente lo sabemos. Este versículo quiere decir que Pablo no reconocía lo que hacía. Quiere decir que aunque actuemos incorrectamente, no lo reconocemos ni lo aprobamos.

"Y si lo que no quiero, esto hago, apruebo que la ley es buena. De manera que ya no soy yo quien hace aquello, sino el pecado que mora en mí" (vv. 16-17). Pablo dice que ya no es él quien hace lo que no quiere hacer, sino el pecado que mora dentro de él. La palabra mora no es la misma palabra griega que se traduce "habita" en otras partes; es una palabra griega que realmente quiere decir "hace un hogar", porque el verbo tiene el significado radical de hogar o casa. Por lo tanto, este versículo no quiere decir que el pecado simplemente habita o permanece dentro de nosotros por un rato, sino que el pecado hace su hogar en nosotros. De esta manera ya no somos nosotros quienes hacemos el mal que no queremos hacer, sino el pecado que hace su hogar dentro de nosotros.

"Y yo sé que en mí, esto es, en mi carne, no mora el bien; porque el querer el bien está en mí, pero no el hacerlo" (v. 18). Pablo no dice que no hay nada bueno en él; dice que no hay nada bueno en la carne. Debemos poner atención cuidadosa al modificativo usado por Pablo: "en mi carne". Nunca digas que no hay nada bueno en ti, porque hay bien dentro de ti. Sin embargo, en nuestra carne, es decir, en nuestro cuerpo caído, no mora nada bueno. En nuestro cuerpo caído, que la Biblia llama "carne", mora el pecado con todas sus lujurias. De esta manera, no se encuentra nada bueno en nuestra carne.

"Porque no hago el bien que quiero, sino el mal que no quiero, eso hago" (v. 19). Este versículo prueba que hay bien dentro de nosotros, porque tenemos una buena voluntad, una voluntad para hacer el bien. Sin embargo, somos incapaces de practicar el bien que deseamos hacer.

"Y si hago lo que no quiero, ya no lo hago yo, sino el pecado que mora en mí. Así que, queriendo yo hacer el bien, hallo esta ley: que el mal está en mí" (vv. 20-21). El versículo 21 menciona a la ley que opera cada vez que deseamos hacer el bien. Esta ley es el mal, porque cada vez que tenemos el propósito de hacer el bien, el mal está presente con nosotros. La palabra griega traducida "el mal" en este versículo denota lo que es malo en carácter.

"Porque me deleito en la ley de Dios según el hombre interior, pero veo una ley diferente en mis miembros, guerreando contra la ley de mi mente y haciéndome cautivo en la ley del pecado que está en mis miembros" (lit., vv. 22-23). El versículo 22 menciona a la ley de Dios en la cual Pablo se deleita según el hombre interior. Podemos

Verso 22 - Dios
23 mente

clasificar a ésta como la ley número uno. En el versículo 23 Pablo se refiere a la ley de la mente, a la cual podemos clasificar como la ley número dos. Ya que esta ley es la ley de la mente y la mente es una parte de nuestra alma, esto significa que hay una ley en nuestra alma. El versículo 23 también menciona lo que Pablo llama "una ley diferente en mis miembros". Ya que esta ley está en nuestros miembros y nuestros miembros son una parte de nuestra carne, nuestro cuerpo caído, esto significa que en nuestra carne hay otra ley. Esta ley, la ley número tres, guerrea contra la ley de nuestras mentes. En el 7:23 encontramos dos leyes peleando una contra otra, guerreando una contra otra. Pablo dice que esta "ley diferente" en nuestros miembros nos hace cautivos a la ley del pecado. Esta "ley del pecado que está en mis miembros" es equivalente a la "ley diferente en mis miembros" mencionada antes en el versículo. Esta ley es la tercera ley. De esta manera, en este único versículo encontramos dos leyes: una es una ley buena en nuestra mente, y la otra es una ley maligna en nuestros miembros.

"¡Qué miserable hombre soy yo! ¿Quién me librará del cuerpo de esta muerte?" (lit., v. 24). ¿Por qué nuestro cuerpo es llamado el cuerpo de esta muerte? Porque en nuestro cuerpo está la ley maligna que guerrea contra la ley buena en nuestra alma. Esta ley maligna hace de nuestro cuerpo un "cuerpo de esta muerte". ¿Qué es "esta muerte"? Es la muerte de ser derrotado, la muerte de ser hecho cautivo y llevado por la ley del pecado en nuestro cuerpo.

"Gracias sean a Dios a través de Jesucristo nuestro Señor. Así entonces con la mente yo mismo sirvo como un esclavo a la ley de Dios, pero con la carne a la ley del pecado" (lit., v. 25). Este versículo da la respuesta a la pregunta planteada en el versículo precedente. Conforme al versículo 25, la liberación del cuerpo de muerte es a través de Jesucristo nuestro Señor. En este versículo Pablo nos dice que con su mente por sí mismo, no en su espíritu por el Señor Jesús, él servía a la ley de Dios como un esclavo. También dice que con su carne servía a la ley del pecado.

En el 7:7-25 vemos tres leyes, y es posible que las localicemos.

A. La Ley de Dios

La ley de Dios es justa, buena, santa y espiritual (vv. 12, 14, 16). Esta ley está fuera de nosotros, o podemos decir que está sobre nosotros. Esta ley de Dios hace muchas demandas y requisitos al hombre caído para que él sea expuesto (vv. 7-11).

B. La Ley del Bien

Mientras la ley de Dios está sobre nosotros y fuera de nosotros, haciendo demandas sobre nosotros, la ley del bien está en la mente del alma del hombre (vv. 23, 22). Podemos decir que la ley del bien en nuestra mente corresponde a la ley de Dios y responde a sus demandas, tratando de guardarlas (vv. 18, 21-22). Cada vez que la ley de Dios establece una demanda sobre nosotros, la ley buena en nuestra alma responde a ella. Si la ley de Dios dice: "Honra a tus padres", la ley buena en nuestra mente responde inmediatamente: "¡Amén! Lo haré. Honraré a mis padres". Esta ha sido nuestra experiencia a lo largo de la vida. Cada vez que la ley de Dios hizo una demanda, la ley del bien en nuestra alma respondió y prometió cumplirla.

C. La Ley del Pecado (y de la Muerte)

Sin embargo, en nuestros miembros hay una tercera ley, la ley del pecado, la cual guerrea contra la ley del bien. Como hemos visto, la ley del pecado está en los miembros de nuestro cuerpo caído, la carne (vv. 17-18, 20, 23). Constantemente guerrea contra la ley del bien y hace cautivo al hombre (v. 23). Cada vez que la ley del bien responde a la ley de Dios e intenta cumplir los requisitos de la ley de Dios, se levanta la ley maligna en nuestra carne. Si la ley buena falla en responder, la ley maligna quizás permanecería inactiva, como si estuviese durmiendo. Sin embargo, cuando la ley maligna se entera de que la ley buena está respondiendo, la ley maligna parece decir: "¿Vas a practicar el bien de acuerdo con la ley de Dios? ¡No permitiré esto!". La ley maligna guerrea contra la ley del bien e invariablemente nos captura. De esta manera, llegamos a ser un cautivo en la ley del pecado que está en nuestros miembros. Esto no es una doctrina; ésta es la historia de nuestra vida.

El mandamiento "Maridos, amad a vuestras esposas", suena tan bueno y fácil de cumplir. Cuando se da este mandamiento, la ley del bien en la mente del hombre responde inmediatamente: "Sí, lo haré". Sin embargo, la ley maligna en su carne se entera de esto y responde: "¿Vas a cumplir esta ley? ¿No sabes que yo estoy aquí?" El resultado es la derrota. En lugar de amar a su esposa, él puede abofetear su rostro o arrojar su cuchillo y su tenedor de ira. Las esposas tienen una experiencia similar cuando tratan por sí mismas de guardar la ley que les dice que se sometan a sus propios esposos. La ley buena en la mente de las esposas se encariña con esta demanda y dice: "Obedeceré. Como una buena esposa, indudablemente debo someterme a mi esposo. Haré esto". Si una mujer dice esto, ella encontrará que otra ley está esperando una oportunidad para atacar. La ley maligna dirá: "¿Tú crees que puedes hacer esto? Yo estoy aquí para mostrarte que no puedes". Una vez más, el resultado es el fracaso. En lugar de someterse a su esposo, más bien se enoja con él. Unos pocos minutos más tarde, ella llora debido a su triste situación. Esta es la experiencia de Romanos 7.

En Romanos 7 vemos tres leyes: la primera ley, la ley de Dios, demanda y hace requisitos; la segunda ley, la ley del bien en nuestra mente, es rápida para responder; la tercera ley, la ley del pecado en nuestros miembros, siempre está alerta para guerrear contra la ley del bien en nuestras mentes y para derrotarnos, capturarnos y encarcelarnos. Cada ley tiene su propio aspecto. Romanos 7 describe la experiencia de cada uno de nosotros. Quizás aún hoy tú continúas repitiendo Romanos 7. No pienses que eres diferente. De acuerdo con la economía de Dios, sin embargo, Romanos 7 no es necesario. Como señalamos en un mensaje previo, Romanos 8 continúa de Romanos 6. No obstante, debido a nuestra pobre situación necesitamos Romanos 7 para que nos exponga y nos ayude.

Algunos cristianos insisten en que Romanos 7 es necesario, que experimentalmente hablando, debe venir entre Romanos 6 y Romanos 8. Algunos buenos cristianos tienen este concepto. ¿Tú aún te adhieres al pensamiento de que Romanos 7 es necesario entre Romanos 6 y 8? No hay duda de que Romanos 7 describe la experiencia personal de Pablo. El argumento entre los maestros de la Biblia se relaciona al tiempo cuando ocurrió esta experiencia: antes o después de la salvación de Pablo. Aunque algunos creen que Romanos 7 es una continuación en la experiencia de Romanos 6, si leemos Romanos 6 al 8 cuidadosamente, descubriremos que Romanos 7 relata la experiencia de Pablo antes de que fuera salvo. En el 7:24 Pablo dijo: "¡Miserable de mí!" En el 8:1 dice: "Ahora, pues, ninguna condenación hay para los que están en Cristo Jesús". Romanos 8:1 prueba que la experiencia narrada en Romanos 7 ocurrió antes de que Pablo fuera salvo. No es su experiencia presente, porque dijo que ahora no hay condenación para los que están en Cristo Jesús. Por lo tanto, la experiencia de Romanos 7 ocurrió antes de que Pablo estuviera en Cristo; fue su experiencia antes de que fuese salvo.

¿Entonces por qué Pablo encontró necesario, después de Romanos 6, describir su experiencia antes de que fuera salvo? La incluyó para probar que ya no estamos bajo la ley. Ya he mencionado que Romanos 7 fue escrito para explicar una corta cláusula en el 6:14 que dice que nosotros "no estamos bajo la ley, sino bajo la gracia". Romanos 7 nos dice que cuando estábamos bajo la ley, éramos el viejo hombre. Mientras nuestro viejo hombre aún estaba vivo, estábamos bajo la ley. Sin embargo, como nuevos hombres regenerados, ya no estamos bajo la ley, porque nuestro viejo marido, el viejo hombre bajo la ley, ha sido crucificado. Luego Pablo continúa relatando cuán triste y miserable es que cualquiera esté bajo la ley. Parece que Pablo estaba diciendo: "Queridos santos, ¿todavía queréis estar bajo la ley? Si es así, permitidme contaros la experiencia que yo tuve. La ley no os ayuda; os engaña y da la ocasión para que el pecado trabaje en vosotros. La ley hasta os mata. No deberíais desear nunca más el estar bajo la ley. Pero, aun si quisierais estar bajo la ley, nunca podéis guardarla". Pablo luego describe la historia completa de su experiencia antes de que fuese salvo. Dice que la ley de Dios hizo demandas sobre él, que la ley buena en su mente respondió a la ley de Dios, pero que la ley del pecado en los miembros de su cuerpo caído guerreó contra la ley de su mente, derrotando a esa ley y llevándola a la cautividad. La conclusión de Pablo fue: "Qué miserable hombre soy yo. Mi cuerpo es el cuerpo de esta muerte. No puedo escapar". De esta manera, Romanos 7 es un registro de la experiencia de Pablo antes de que fuese salvo, un registro que prueba que no podemos guardar la ley y que nos alienta a no intentarlo. Cada vez que intentamos guardar la ley, la tercera ley, la ley del pecado, nos captura. Guardar la ley es una imposibilidad para el hombre caído.

Dios no nos dio la ley con la intención de ayudarnos. Su propósito es agitar a Satanás para que nos perturbe. La intención de Dios al darnos la ley fue exponer la ley pecaminosa dentro de nosotros. Si pensamos que debemos guardar la ley, estamos absolutamente equivocados. No somos lo suficientemente fuertes como para cumplir los requisitos de la ley. ¿Tú no sabes que la ley maligna dentro de ti es realmente la poderosa persona de Satanás? ¿Puedes tú, como un hombre caído, derrotar a Satanás? Es imposible. Es un gigante y, comparado con él, eres un enclenque. Tú eres débil, y la ley buena dentro de ti es impotente. Tienes una buena voluntad y un deseo positivo, pero no puedes cumplirlo. Tú, como el viejo hombre, sólo estás bueno para ser crucificado y sepultado con Cristo, como ya estuviste en el 6:6. No deberías sacar al viejo hombre que fue sepultado en una tumba y esperar que guarde el mandamiento de Dios. La ley buena en tu mente representa tu fuerza, y la ley maligna en tu carne representa el poder de Satanás. Ya que Satanás es más poderoso que tu fuerza, nunca puedes derrotarlo, sino que siempre eres capturado por él cada vez que intentas guardar la ley de Dios. Este es el significado y el entendimiento correctos de Romanos 7.

Aunque Romanos 7 describe la experiencia de Pablo antes de que fuera salvo, retrata la experiencia de la mayoría de los cristianos después que son salvos. Yo dudo que haya una sola excepción de esto. Después que fuimos salvos, todos hicimos una respuesta total a la ley de Dios. Consideremos como ejemplo a un hombre joven que ha sido salvo recientemente. El se ha arrepentido y ha hecho una confesión completa de sus pecados al Señor. En la noche que fue salvo hizo una decisión, diciéndose a sí mismo: "No debo comportarme por más tiempo de esa forma. No debo hacer las cosas malas que hice anteriormente. Esta noche me decidiré a no hacerlas nunca más". Entonces este nuevo convertido ora al Señor: "Señor, estoy triste por la forma en que he vivido. De ahora en adelante quiero ser un buen cristiano. No quiero hacer esas cosas nunca más". Este hombre joven es un representante típico de todos los cristianos genuinos. Cuando era un cristiano joven hice esto numerosas veces. Todos hemos hecho la misma cosa ante el Señor. Pero todos podemos testificar que no podemos hacer lo que decidimos hacer. Nosotros simplemente somos lo que somos: personas con una ley buena dentro de nosotros. Después que fuimos salvos, esta ley buena en nuestra mente respondió a la ley de Dios fuera de nosotros, y decidimos ser una mejor persona.

Algunos cristianos han dicho equivocadamente a la gente que no hay nada bueno en absoluto en ellos. Cuando algunos predicadores estaban hablando de esta manera, algunos catedráticos argumentaron con ellos diciendo: "No creo esto. Puedo testificar que tengo algo bueno dentro de mí. Honro a mi madre y tengo un corazón verdadero para amarla. ¿No es eso algo bueno dentro de mí? Y decidí no tratar a mis estudiantes injustamente. ¿Eso no significa que tengo algo bueno en mí? ¿Cómo ustedes pueden decir que no hay nada bueno en la gente?" Debemos ser cuidadosos en cuanto a esto, tal como Pablo lo fue al componer Romanos 7. Pablo dijo: "En mi carne, no mora el bien". Si él no hiciese esta modificación, se habría contradicho, porque en el versículo siguiente menciona su voluntad de hacer el bien. El hombre tiene tres partes: un espíritu, una alma con la mente, y un cuerpo con sus muchos miembros. En los miembros de nuestro cuerpo caído no mora nada bueno. Sin embargo, debemos recordar que el hombre fue creado por Dios como algo bueno y que alguna cantidad de bondad permanece en todos los hombres. Por ejemplo, si tú tomas un pedazo de metal y lo tiras en el barro, se puede ensuciar, pero su naturaleza todavía es metal. No puedes sostener que el metal ya no es metal. El hombre fue creado por Dios, y Dios nunca creó nada malo. Todo lo que Dios creó fue bueno, incluyendo al hombre como la criatura de Dios. Sin considerar cuán caído ha llegado a estar el hombre, la bondad de la creación de Dios permanece en él. Aun los ladrones de bancos todavía tienen un elemento del bien en ellos, un elemento que fue creado por Dios.

Aunque el hombre fue creado bueno, la naturaleza maligna de Satanás fue inyectada dentro de su cuerpo cuando participó del fruto del árbol del conocimiento. El árbol del conocimiento denotaba a Satanás, el maligno, quien tiene el poder de la muerte. De esta manera, cuando el hombre comió del fruto del árbol del conocimiento, Satanás entró en su cuerpo. El principio de Satanás, el factor de cualquier cosa maligna, es la ley del pecado. En nuestra mente tenemos un principio creado por Dios, la ley del bien. Por esto, si entendemos adecuadamente Romanos 7, sabremos dónde estamos y qué tenemos dentro de nosotros. Tenemos una ley buena en nuestra mente y una ley maligna en nuestra carne, dos leyes que son incompatibles. La ley buena representa el buen principio creado por Dios, y la ley maligna es el principio de Satanás en nuestra carne. Satanás en nuestra carne odia a Dios, engaña al hombre y hace todo lo posible por dañar y arruinar a la humanidad. De esta manera, cada vez que la mente del hombre por la ley buena piensa hacer el bien, la ley maligna se levanta inmediatamente para pelear, derrotar y capturar al hombre despreciable y miserable. Esta fue la experiencia de Pablo antes de que fuese salvo cuando era un judaizante entusiasta y amante de la ley. Día y noche intentaba guardar la ley de Dios. Eventualmente, realizó que la ley de Dios estaba fuera de él; que la ley del bien, correspondiente a la ley de Dios, estaba en su mente, y que cada vez que quería hacer el bien otra ley en sus miembros peleaba contra la ley del bien en su mente, capturándolo y haciéndolo miserable. Pablo descubrió que su cuerpo era el cuerpo de la muerte. Al guardar la ley de Dios, al hacer el bien para agradar a Dios, este cuerpo de muerte es sólo como un cadáver. Pablo llegó a realizar que él era un caso desesperado debido al elemento poderoso del pecado morando en su cuerpo caído. Esta es la descripción clara descrita en Romanos 7. Una vez que veamos esta descripción alabaremos al Señor porque El no tiene la intención de que guardemos Su ley.

Romanos 7 revela que una batalla está rugiendo dentro de nosotros. La ley del bien, respondiendo a la ley de Dios, está en nuestra mente, y la ley del pecado está en nuestros miembros, luchando contra la ley del bien. La batalla es extremadamente intensa. Algunos maestros de la Biblia dicen que la guerra en Romanos 7 es igual al conflicto en Gálatas 5. Sin embargo, son diferentes. Si examinamos Gálatas 5, veremos la diferencia. Sin embargo, antes de que volvamos a Gálatas 5 quiero decir una palabra acerca de la carne.

Algunos cristianos mantienen el concepto de que antes que fueran salvos tenían lujurias en su carne, pero que después que fueron salvos las lujurias desaparecieron. Hay una escuela de enseñanza que instruye a la gente en esta forma. Esta enseñanza dice que antes de que fuésemos salvados había lujuria en nuestra carne, pero que después la lujuria fue removida. Conforme a esta enseñanza, la carne de una persona salva se vuelve buena.

Como un contraste a esta escuela tenemos Gálatas 5:16 que dice: "Andad en el Espíritu, y vosotros no cumpláis la lujuria de la carne" (lit.). Seguramente el "vosotros" se refiere a los cristianos genuinos. Por esto, todavía es posible que los creyentes verdaderos cumplan la lujuria de la carne, porque tal lujuria permanece dentro de nosotros. Sin considerar cuán genuino sea un creyente, debemos estar alertas y no ser engañados por el enemigo, quien puede decirnos que ya no tenemos lujurias en nuestra carne. Tal concepto es terrible y engañoso.

Permitidme relatar un incidente que ocurrió en China del norte hace muchos años. Un movimiento pentecostal particular estaba prevaleciendo en aquella región, barriendo todo el norte de China. Ellos dijeron que ya que habían recibido el bautismo del Espíritu Santo, ya no tenían lujurias. Como resultado de esta enseñanza, hombres y mujeres empezaron a morar juntos, afirmando que eran espirituales y sin lujuria. Después de un corto tiempo hubo muchos casos de fornicación, y ese movimiento casi murió. En efecto, aun fue difícil predicar el evangelio por un período de tiempo porque el pueblo chino, principalmente debido a la enseñanza ética de Confucio, odia cualquier forma de fornicación. De esta manera, aquel movimiento pentecostal dio un mal nombre al cristianismo en China del norte. Nunca debemos aceptar la enseñanza engañosa que sostiene que ya que somos hijos de Dios y tenemos el Espíritu Santo, no tenemos lujurias en nuestra carne.

Pablo dice: "Andad en el Espíritu, y vosotros no cumpláis la lujuria de la carne". El continúa diciendo que la carne desea contra el Espíritu y el Espíritu contra la carne (Gá. 5:17). Esta no es la guerra entre la ley maligna y la ley buena; es la guerra entre la carne y el Espíritu. La carne y el Espíritu son contrarios el uno al otro. Esto prueba que, aunque andemos en el Espíritu, continuamos teniendo lujurias en la carne y que nuestra carne permanece como el enemigo del Espíritu. El Señor Jesús dijo: "Lo que es nacido de la carne, carne es" (Jn. 3:6). La carne es carne, y nada puede cambiar su naturaleza. No aceptes nunca el pensamiento de que después que llegues a ser espiritual tu carne es mejorada. Esta enseñanza es un gran error y es peligrosa.

Gálatas 5:24 dice: "Y los que son de Cristo han crucificado la carne con los afectos y lujurias" (lit.). Diferente de Romanos 6:6, que dice que nuestro hombre viejo ha sido crucificado, Gálatas 5:24 no dice que la carne, los afectos y las lujurias han sido crucificados. Dice que debemos crucificar la carne con los afectos y las lujurias. El pensamiento aquí es igual al pensamiento en Romanos 8:13, que dice que por el Espíritu matamos las prácticas de nuestro cuerpo. Nosotros no podemos crucificar a nuestro hombre viejo, porque nuestro hombre viejo es nuestro ser. Nadie puede ponerse a sí mismo en la cruz y, en esa forma, cometer suicidio. Sin embargo, podemos crucificar nuestra carne a través del Espíritu, significando que matamos nuestra carne continuamente. Nuestro viejo hombre *ha sido* crucificado con Cristo de una vez por todas, pero tenemos que crucificar nuestra carne continuamente día a día. Entonces Gálatas 5:25 dice: "Si vivimos en el Espíritu, también andemos en el Espíritu" (lit.).

De esta manera, Gálatas 5 devela la guerra entre nuestra carne y el Espíritu. Aunque la mayoría de los traductores encuentra difícil decidir si el espíritu en Gálatas 5:25 denota a nuestro espíritu humano o al Espíritu Santo, estoy confiado en que denota al espíritu mezclado, el mezclar del Espíritu con nuestro espíritu regenerado. Nosotros debemos andar en tal Espíritu. De esta manera, la guerra en Gálatas 5 es la guerra entre nuestra carne y el Espíritu, un conflicto totalmente diferente de la guerra descrita en Romanos 7.

La guerra mencionada en Romanos 7 es una guerra entre dos leyes, la ley buena y la ley maligna. No tiene nada que ver con el Espíritu. Hasta es discutida en algunos de los antiguos escritos chinos, donde es llamada la guerra entre el principio y la lujuria. El principio al cual se refieren estos escritos es sin duda la ley del bien. También mencionan que la lujuria que lucha contra el principio está en el cuerpo del hombre. Cuando, como un hombre joven, comparé esta guerra entre el principio y la lujuria con Romanos 7, me sorprendió encontrar que eran idénticas. De esta manera, cuando oí que algunos maestros cristianos sostienen que Romanos 7 describe la experiencia de Pablo después que fue salvo, estuve bastante molesto. Ya que hasta los antiguos escritos chinos mencionaban la guerra entre el principio y la lujuria, y ya que esto es idéntico con la experiencia de Pablo en Romanos 7, ¿cómo podemos decir que Romanos 7 es la experiencia de un cristiano?

Romanos 7 describe la experiencia de Pablo antes de que fuera salvo. Antes de que fuese salvo él era muy

entusiasta por la ley de Dios, intentando guardarla y
haciendo el bien a fin de agradar a Dios. Aunque hace
cientos de años los chinos no conocían la ley de Dios, ellos
entendieron la naturaleza buena del hombre mencionada
en Romanos 2:14-15. De acuerdo con Romanos 2, el hombre
por la creación tiene tres cosas positivas en su estructura.
Primero es la naturaleza buena del hombre, porque los
gentiles por naturaleza hacen las cosas de la ley (2:14),
mostrando que la función de la ley está escrita en sus
corazones (2:15). Segundo, el hombre tiene una conciencia
(2:15). Tercero, tiene los razonamientos que acusan, excusan,
condenan y justifican (2:15). Cada ser humano tiene estos
tres elementos dentro de él. Tú no necesitas ser un creyente
en Cristo a fin de poseerlos. Toda persona tiene la naturaleza
buena, una conciencia y los razonamientos. Debido a la
presencia de estos tres elementos en el hombre, hay una
guerra entre la ley buena y la ley maligna, o conforme a los
escritos chinos, entre el principio y la lujuria.

Romanos 7 se refiere a esta guerra. ¿Por qué tantos
cristianos experimentan tal conflicto después que son
salvos? Porque fueron descuidados con respecto a su
conducta antes de que fueran salvos. A diferencia de Pablo,
no estuvieron deseosos de hacer lo bueno ni de agradar a
Dios. Sin embargo, mucha gente buena, no solamente entre
los chinos, sino por todo el mundo, desea vencer sus
lujurias. Ciertamente tales personas experimentan Romanos 7. Experimentan el antagonismo entre la ley buena y
la ley maligna. De esta manera, Romanos 7 no describe la
guerra entre el Espíritu y la carne que está revelada en
Gálatas 5. La guerra en Gálatas 5 es la experiencia típica
de los cristianos; la guerra en Romanos 7 es la experiencia
de la gente que trata de hacer lo bueno, sin considerar si
son cristianos o no. Muchos cristianos tienen la experiencia
de Romanos 7 después que son salvos, porque es sólo
después que son salvos que deciden ser cuidadosos con
respecto a su comportamiento y hacen todo lo posible por
ser buenos. Por lo tanto, experimentaron después que
fueron salvos lo que Pablo sabía antes de que fuese salvo.
Estos cristianos realmente hacen la misma cosa que los

chinos trataron de hacer hace cientos de años. Sin embargo, la lucha registrada en Romanos 7, sin considerar si se encuentra antes o después de la salvación, no es una experiencia cristiana típica. Es una experiencia de nuestro ser natural. La gente que trata de hacer lo bueno antes de que sea salva, tiene esta experiencia antes de su salvación. Muchos otros la experimentan sólo después de ser salvos, después que determinan hacer lo bueno y agradar a Dios.

En todo ser humano, si ha sido salvo o no, hay un elemento bueno en su mente y un elemento maligno en su cuerpo, la carne. Pablo usa por lo menos tres términos para describir al elemento maligno: pecado, mal y la ley del pecado. Pablo llama al buen elemento en su mente "la ley de mi mente". Esta ley de la mente es la ley del bien. De esta manera tenemos dos leyes, una en nuestra mente y otra en el cuerpo caído. Tenemos estas dos leyes porque por lo menos tenemos dos vidas. Con cada vida hay una ley. ¿Por qué tenemos la ley del bien? Porque tenemos una vida buena. ¿Por qué tenemos una ley del pecado? Porque tenemos una vida pecaminosa. Cada persona tiene estas dos vidas: la vida creada por Dios que es buena, y la vida satánica que entró en el cuerpo del hombre como un resultado de la caída.

Alguna gente insiste en que la naturaleza del hombre es mala; otros afirman que es buena. Un día cuando estaba leyendo Romanos 7 encontré la respuesta a este argumento. Ambas escuelas están correctas; sin embargo, sólo están parcialmente correctas. Ambas escuelas están correctas porque el hombre no es simple. El hombre es muy complicado. Por ejemplo, en la mañana un hombre puede ser bastante amable, comportándose como un caballero. Tiene una vida humana y se conduce como un hombre de acuerdo con la ley de su vida humana. Sin embargo, ese anochecer asiste a un casino de juego y actúa como un diablo. ¿Es un diablo o es un hombre? La respuesta correcta es que él es ambos.

Durante su viaje en el desierto, los hijos de Israel hablaron contra Dios y Moisés, y fueron mordidos por las serpientes ardientes que causaron que muchos de ellos murieran (Nm. 21:4-9). Cuando el pueblo oró a Dios, Dios dijo a Moisés que levantara una serpiente de bronce en un poste. ¿Aquellos hijos de Israel eran serpientes u hombres? Eran hombres, porque tenían la apariencia real y la vida de los hombres. También eran serpientes porque el veneno serpentino entró en ellos y los penetró. De esta manera, la serpiente de bronce fue levantada como su representante y substituto. Los hijos de Israel eran tanto hombres como serpientes. Del mismo modo, el Señor Jesús reprendió a los fariseos diciendo: "¡Serpientes, generación de víboras!" Por un lado, los fariseos eran la generación de los hombres; y por otro lado, eran la generación de las serpientes venenosas. Todos tenemos dos naturalezas: una naturaleza es buena, porque fue creada por Dios; la otra naturaleza es maligna, porque es la naturaleza de Satanás inyectada dentro de nuestro cuerpo en el tiempo de la caída. La naturaleza buena está en nuestra mente, y la naturaleza maligna está en nuestra carne, la cual es nuestro cuerpo caído. Con cada naturaleza hay una ley, y las dos leyes pelean una contra otra. Si tú tratas de hacer lo bueno, ya sea si eres salvo o no, descubrirás la guerra entre dos leyes. Sin embargo, si eres una persona descuidada puede que no la realices. Pero cada vez que trates de ser bueno descubrirás estas dos leyes dentro de ti. Antes de que fueras salvo hiciste todo lo posible por ser bueno, pero eventualmente fuiste derrotado. Descubriste que dentro de ti hay dos cosas peleando una con otra. Esta es la razón por la cual algunas personas tratan de desarrollar una voluntad fuerte para controlar y suprimir la lujuria en su cuerpo. Sin hacer caso de sus intentos, eventualmente ninguno de ellos puede tener éxito completo.

Por lo tanto, Romanos 7 no es la experiencia típica de un cristiano. Mientras tú seas una persona que trata de hacer el bien, tendrás la experiencia del conflicto descrito en Romanos 7. La experiencia de Romanos 7 es para esa clase de persona.

D. El Cuerpo de Esta Muerte

En Romanos 6:6 nuestro cuerpo caído es llamado "el

cuerpo de pecado", pero en el 7:24 es llamado "el cuerpo de esta muerte". El "cuerpo de pecado" significa que el cuerpo está residido, ocupado, poseído y utilizado por el pecado para hacer cosas pecaminosas. De esta manera, al pecar el cuerpo está activo, es capaz y está lleno de fortaleza. El "cuerpo de muerte" significa que el cuerpo está envenenado, debilitado, paralizado y amortecido, incapaz de guardar la ley y de hacer lo bueno para agradar a Dios. De esta manera, al guardar la ley de Dios y al hacer lo bueno para agradar a Dios el cuerpo es débil e impotente; es como un cadáver. Todos hemos experimentado que al hacer cosas pecaminosas nuestro cuerpo es capaz y fuerte; nunca puede cansarse. Pero al guardar la ley de Dios o al hacer el bien para agradar a Dios el cuerpo es débil a lo máximo, como si estuviera muerto. Por lo tanto, si tratamos de guardar la ley o de agradar a Dios por nosotros mismos, será como arrastrar un cadáver con nosotros. Mientras más intentamos hacer lo bueno, más muerte nos trae nuestro cuerpo. Así, el apóstol Pablo llama a nuestro cuerpo "el cuerpo de esta muerte", esto es, la muerte de tratar de guardar la ley y de agradar a Dios.

Respecto al cuerpo de pecado, el cual está activo y poderoso con su lujuria al pecar, no necesitamos tratar de suprimirlo por una voluntad fuerte ni por ningún otro medio. Romanos 6:6 nos dice que ya que nuestro viejo hombre ha sido crucificado con Cristo, nuestro "cuerpo de pecado" ha sido "destruido", significando que ahora está sin trabajo. Ya que la persona pecadora, el viejo hombre, ha sido crucificado, su cuerpo no tiene nada que hacer y está desempleado.

Respecto al cuerpo de muerte, no necesitamos arrastrarlo más tiempo con nosotros. Ya que somos un nuevo hombre regenerado, y estamos libertados de la ley del viejo hombre, no necesitamos esforzarnos para guardar la ley, pues tal esforzarse sólo causa más muerte a través del cuerpo caído, el cual es la carne. Mientras vivamos por el nuevo hombre con nuestro nuevo marido, el Cristo viviente, somos libertados de la ley y liberados de la carne y de la ley del pecado dentro de ella.

E. La Miseria del Hombre
al Tratar de Cumplir la Ley

El hombre se ha vuelto carnal, vendido bajo el pecado (v. 14). En la carne del hombre no mora nada bueno (v. 18), y el hombre es incapaz de enseñorear al pecado (vv. 15-20). En tal situación, si el hombre trata de cumplir la ley de Dios como lo hizo Pablo, el hombre seguramente no tendrá nada, sino fracaso. Todo el que intente esto es derrotado y llega a ser un hombre miserable. El hombre caído con la ley del pecado en su carne es un caso inútil y desesperado. Después que hemos sido salvados, no debemos hacer intento por cumplir la ley de Dios o por hacer el bien a fin de agradar a Dios. Si lo hacemos, ciertamente experimentaremos Romanos 7 y llegaremos a ser un hombre miserable. Necesitamos realizar que nosotros, como el hombre viejo, hemos sido crucificados con Cristo y que, como el hombre nuevo, estamos librados de la ley del hombre viejo y nos hemos casado con nuestro nuevo marido, el Cristo resucitado, para que llevemos fruto para Dios y sirvamos al Señor en novedad de espíritu.

ESTUDIO-VIDA DE ROMANOS

MENSAJE CATORCE

LA LIBERTAD DEL ESPIRITU EN NUESTRO ESPIRITU

(1)

I. LA LEY DEL ESPIRITU DE VIDA

En el capítulo cinco de Romanos vimos que el don en Cristo supera a la herencia en Adán, en el capítulo seis se nos muestra nuestra identificación con Cristo, y en el capítulo siete encontramos el cautiverio por la ley en nuestra carne. Romanos 8 es un contraste con Romanos 7. En Romanos 7 tenemos el cautiverio; en Romanos 8 tenemos la libertad. En Romanos 7 tenemos la ley; en Romanos 8 tenemos el Espíritu Santo. En Romanos 7 tenemos nuestra carne; en Romanos 8 tenemos nuestro espíritu. De esta manera, Romanos 7 revela el cautiverio por la ley en nuestra carne, mientras Romanos 8 devela la libertad del Espíritu en nuestro espíritu.

Necesitamos leer Romanos 8:1-6 cuidadosa y atentamente. "Ahora, pues, ninguna condenación hay para los que están en Cristo Jesús. Porque la ley del Espíritu de vida en Cristo Jesús me ha librado de la ley del pecado y de la muerte" (vv. 1-2). La frase "la ley del Espíritu de vida" es muy significativa. En esta frase vemos tres elementos que componen una sola entidad: la ley, el Espíritu y la vida. Estos tres ítems son uno.

"Porque lo que era imposible para la ley, por cuanto era débil por la carne, Dios, enviando a su Hijo en semejanza de carne de pecado y a causa del pecado, condenó al pecado en la carne" (v. 3). Dios es el tema de esta cláusula. El condenó al pecado en la carne de Cristo "enviando a su Hijo en semejanza de carne de pecado y a causa del pecado".

"Para que el requisito justo de la ley se cumpliese en

nosotros, que no andamos conforme a la carne, sino conforme al espíritu. Porque los que son de la carne consideran las cosas de la carne; pero los que son conforme al espíritu, las cosas del Espíritu" (lit., vv. 4-5). Dios condenó al pecado en la carne para que el requisito justo de la ley fuese cumplido en nosotros que andamos conforme al espíritu. Los que son conforme al espíritu consideran las cosas del Espíritu. Por favor observemos que la primera mención del espíritu en el versículo 5 se refiere a nuestro espíritu humano, y que la segunda mención se refiere al Espíritu Santo, queriendo decir que los que son conforme a su espíritu humano consideran las cosas del Espíritu Santo.

"Pues la mente puesta sobre la carne es muerte, pero la mente puesta sobre el espíritu es vida y paz" (lit., v. 6). La mente puesta sobre el espíritu humano es vida y paz. Cada palabra en Romanos 8:1-6 es preciosa. No debemos omitir ni aun una palabra en estos versículos. Debido a la limitación del tiempo, solamente puedo presentar un bosquejo de Romanos 8.

A. El Espíritu de Vida

Antes de que tratemos con Romanos 8 mismo, necesitamos considerar un término glorioso y maravilloso que se encuentra en el 8:2: "el Espíritu de vida". Este término se usa solamente una vez en toda la Biblia. En el libro de Romanos el término "el Espíritu de vida" no es revelado hasta el 8:2. Sin embargo, antes del capítulo ocho sí tenemos varias referencias a la vida divina, eterna e increada. La primera aparición de esta palabra vida en el libro de Romanos es en el 1:17, que dice que el justo tendrá vida y vivirá por la fe. La palabra vida en este versículo denota a la vida eterna. La segunda aparición de esta palabra en Romanos es en el 2:7, donde se nos dice: "vida eterna a los que, perseverando en bien hacer, buscan gloria y honra e inmortalidad". Si buscamos continuamente a Dios, El nos dará vida eterna. Romanos 5:10 dice que seremos salvos en Su vida, y el 5:17 nos dice que, después de recibir la abundancia de la gracia y el don de la justicia, reinaremos en la vida. Romanos 5:18 menciona la justificación de vida, y el 5:21 dice que la gracia reine para vida eterna. En el 6:4 se nos dice que andemos en la novedad de vida. Romanos 6:22-23 dice que la vida eterna es el fin de la santificación y que el don gratis de Dios es vida eterna en Cristo Jesús nuestro Señor. De esta manera, en los primeros seis capítulos de Romanos hay muchas referencias a la vida divina. La vida es la meta de la salvación de Dios. Dios nos ha redimido, justificado y reconciliado para que compartamos esta vida. Una vez que la recibamos, debemos ser salvos en la vida, reinar en la vida, andar en la novedad de vida y ser santificados en la vida.

Aunque los capítulos precedentes en Romanos dicen que debemos ser salvos, reinar, andar y ser santificados en la vida, Pablo todavía no nos ha dicho cómo podemos hacer todas estas cosas. ¿Cómo podemos ser salvos en la vida y reinar en la vida? ¿Cómo podemos andar en la novedad de vida? ¿Cómo podemos experimentar la santificación en la vida? Pablo no nos ha dicho. Ni nos ha dicho precisamente cómo el justo tendrá vida. Aunque él dice que esta vida procede de la fe, no ha explicado el asunto claramente. En Romanos 1 al 6 Pablo se refiere a la vida nueve veces. Ahora, en Romanos 8:2, de repente junta la vida con el Espíritu en la frase "el Espíritu de vida".

La forma de tener vida es el Espíritu. La forma de ser salvo en Su vida es el Espíritu. La forma de reinar en la vida es el Espíritu. La forma de andar en la novedad de vida es el Espíritu. La forma de ser santificado en la vida es en el Espíritu. El Espíritu es el medio. La vida pertenece al Espíritu, y el Espíritu es de vida. Estos dos son realmente uno. Nunca podemos separar la vida del Espíritu, ni el Espíritu de la vida. El Señor Jesús mismo dijo: "Las palabras que Yo os he hablado son espíritu y son vida" (Jn. 6:63). En esta palabra el Señor Jesús conecta al Espíritu y la vida. Si tenemos el Espíritu, tenemos vida; si no tenemos el Espíritu, no tenemos la vida. Si andamos en el Espíritu, andamos en la vida, pero si no andamos en el Espíritu, no andamos en la novedad de vida. De esta manera, la forma de experimentar la vida divina eterna e increada es el Espíritu. Por esto podemos ver la relación entre Romanos 8 y los capítulos previos. Los siete capítulos anteriores nos llevan a la vida y consuman en la vida. Ahora en el 8:2 estamos en el punto de la vida. Debemos prestar atención especial a la palabra vida en Romanos 8.

B. La Vida Cuádruple

La palabra vida se usa cuatro veces en el capítulo ocho. Romanos 8:2 menciona la ley del Espíritu de vida. Romanos 8:6 dice que la mente puesta sobre el espíritu es vida. En Romanos 8:9-10 se nos dice que si Cristo está en nosotros, nuestro espíritu es vida a causa de la justicia. Romanos 8:11 dice que el Espíritu residente dará vida a nuestros cuerpos mortales. La primera vez que se menciona la vida en este capítulo está conectada al Espíritu Santo, la segunda vez está relacionada a nuestra mente, la tercera vez está asociada con nuestro espíritu, y la cuarta vez es un asunto de nuestro cuerpo. Romanos 8 devela una vida cuádruple. Primeramente, la vida es el Espíritu. Luego el Espíritu entra en nuestro espíritu para hacer vida a nuestro espíritu. Después el Espíritu se extiende desde nuestro espíritu a nuestra mente para hacer vida a nuestra mente. El Espíritu hasta imparte esta vida a nuestros cuerpos mortales para hacer del cuerpo de pecado un cuerpo de vida. Tenemos una vida cuádruple. El foco de todo es el Espíritu Santo residiendo nuestro espíritu. Esta vida se extenderá desde nuestro espíritu a nuestra mente y por toda nuestra alma, alcanzando hasta todos los miembros de nuestro cuerpo. Eventualmente, todo nuestro ser estará lleno con vida y seremos un hombre de vida. ¿Tú has visto esto alguna vez? Llamemos a esto la vida cuádruple. El Espíritu es vida, nuestro espíritu es vida, nuestra mente es vida, y hasta nuestro cuerpo es de vida. De esta manera, la conección entre Romanos 8 y todos los capítulos precedentes es la vida más el Espíritu.

C. La Ley del Espíritu de Vida

En Romanos 8 tenemos no solamente el Espíritu de vida, sino la ley del Espíritu de vida. La palabra vida indica que Romanos 8 es una continuación de Romanos 6, porque Romanos 6 termina con vida. La palabra ley indica que Romanos 8 también es una continuación de Romanos 7, donde se discute el asunto de la ley. En Romanos 8 Pablo continúa su plática acerca de la ley. En Romanos 7 menciona tres leyes: la ley de Dios, la ley del bien y la ley del pecado. Si solamente tuviésemos estas tres leyes todos tendríamos que declarar: "¡Miserable de mí!" La ley de Dios es justa, santa, buena y espiritual. Sin embargo, mientras más justa y santa es esta ley, más exige de nosotros. ¿Por qué la ley de Dios es tan exigente? Porque es santa, justa y buena. Si la ley fuese mala, las exigencias serían muy bajas. Sin embargo, la ley de Dios es santa y justa. Esta ley solamente hace demandas; ella no suministra. Gálatas 3:21 indica que la ley es incapaz de dar vida a la gente. La ley no fue dada por Dios para que sea una provisión, sino para hacer exigencias. Porque pensamos que somos buenos, necesitamos que la ley nos exponga que no lo somos.

¿Recuerdas las circunstancias en las cuales fue dada la ley? Por Su gracia, Dios había sacado a Su pueblo de Egipto. El éxodo de Egipto no fue efectuado porque el pueblo guardó la ley, sino porque Dios fue gracioso para liberarlos a través de Su redención. Cuando Dios llevó a los israelitas al monte Sinaí, Su intención era hacerlos un reino de sacerdotes (Ex. 19:3-6). Aunque el pueblo estuvo de acuerdo con esto, Dios sabía que ellos no realizaban cuán malos eran. Por lo tanto, a través de Moisés Dios hizo una cita para reunirse con el pueblo con el propósito de darles la ley. Inmediatamente, la atmósfera cambió y se puso sumamente amenazante. El pueblo estaba espantado. En medio de esta situación amenazante Dios dio Su ley a los israelitas. Sin embargo, mientras se estaba dando la ley en el monte, el pueblo hizo un ídolo, un becerro de oro. Por esto, antes de que la ley fuese dada el pueblo ya la había quebrantado. De esta manera, cuando Moisés examinó la situación él quebró las dos tablas de piedra.

Nosotros no podemos guardar la ley. Nunca debemos pensar que la ley fue dada para que la guardemos. En cambio, debemos doblegarnos ante el Dios misericordioso y gracioso y decir: "Señor, yo no puedo guardar Tu ley ni hacer nada bueno para agradarte". A fin de traernos a esta conclusión, Pablo escribió Romanos 7 que explica el asunto de la ley. Pablo era un escritor excelente. El era muy profundo. Escribió cada capítulo del libro de Romanos con el Antiguo Testamento en la mira. El escribió el libro de Romanos en la luz y en el conocimiento del Antiguo Testamento.

En Romanos 7 Pablo habla acerca de la ley. Pablo nos muestra que fuera de nosotros está la ley de Dios con sus exigencias, que en nuestra alma está la ley del bien respondiendo a la ley de Dios, y que en los miembros de nuestro cuerpo hay otra ley que guerrea contra la ley buena en nuestra alma. Pablo nos ha dicho que la ley en nuestra mente es débil e impotente, pero que la ley en nuestros miembros es potente y llena de fuerza. Yo creo que Pablo era una persona con una voluntad fuerte. Su carácter era tan fuerte que solamente el Señor Jesús podía subyugarlo, como lo hizo cuando Pablo estaba en el camino a Damasco. Sin considerar cuán fuerte era antes de que fuese salvado, no pudo vencer a la ley del pecado en sus miembros. El dijo: "Porque no hago el bien que quiero, sino el mal que no quiero, eso hago" (7:19). Luego Pablo continuó diciendo: "Y si hago lo que no quiero, ya no lo hago yo, sino el pecado que mora en mí" (7:20). ¿Quién es este pecado? Es Satanás. La ley del pecado es realmente el poder espontáneo de Satanás mismo. Satanás es más poderoso que cualquier ser humano. Nadie, ni aun Pablo, puede derrotarlo. La fuerza de tu voluntad no significa nada al poderoso Satanás. De esta manera, si intentas guardar la ley de Dios, el resultado será: "¡Qué hombre miserable soy yo! ¿Quién me librará del cuerpo de esta muerte?" Pablo usó la frase "esta muerte". ¿Qué es la muerte? La muerte es el resultado del poder maligno de Satanás. En Romanos 7 encontramos dos términos usados con el mismo significado para describir a Satanás: "el mal" y "el pecado que mora en mí". Satanás es el pecado y el mal, y su poder automático es la ley del pecado. El es tan poderoso que ningún ser humano puede derrotarlo. Aun sumados todos los seres humanos no pueden vencerlo. ¡Aleluya, hay Uno que es más poderoso que este gigante maligno!

Después de Romanos 7 tenemos Romanos 8, el cual menciona a la ley del Espíritu de vida. Esta ley no es la ley de Dios ni la ley del bien en nuestras mentes; es la ley del Espíritu de vida.

Romanos 8:2 revela que Dios ha llegado a ser el Espíritu de vida. Podemos decir que el Espíritu de vida en este versículo denota al Dios procesado. Dios en Cristo ha pasado a través de un largo proceso: el proceso de la encarnación, la crucifixión, la resurrección y la ascensión. El propio Dios de Génesis 1 ha sufrido tal proceso. De esta manera, El ya no es el Dios "crudo". Aunque fue el Dios "crudo" en Génesis 1, es el Dios procesado en Romanos 8.

Los víveres que tú traes a casa desde el almacén son todas cosas crudas. Ellas necesitan sufrir un proceso de cortar, cocer y cocinar a fin de que estén adecuadas para comer. Sin pasar a través de tal proceso el alimento crudo no está adecuado para comer. A mí no me gusta comer algo que no ha sido elaborado. Todo el alimento en el refrigerador es producto alimenticio crudo, pero todo lo que está sobre la mesa de la cena es alimento procesado.

Alabamos al Señor porque Romanos 8 no es un refrigerador; es nuestra mesa de la cena. Cada vez que tengas hambre, ven y come en Romanos 8. Sobre la mesa de Romanos 8 tenemos al Dios procesado, porque aquí Su título no es Jehová ni el Dios Todopoderoso, sino el Espíritu de vida. ¡Alabado sea el Señor! Muy a menudo mi esposa hace caldo de carne de res o de pollo. Cuando ve que estoy cansado, frecuentemente me sirve un tazón de caldo. Este caldo es dulce, sabroso y fácil de tomar. Después de beber una taza de caldo, todo mi ser es revivido. El Espíritu de vida es como el caldo. ¿De dónde procede el Espíritu de vida? Viene de Dios, quien una vez fue como un gran pollo o una gran vaca que fue procesado en caldo. En Romanos 8 El ya no es como un pollo o una vaca; es el Espíritu de vida, tan fácil de tomar. Solamente necesitamos decir: "Oh Señor Jesús, el Espíritu de vida, Amén. Cristo está en ti y el espíritu es vida. Amén. La mente puesta sobre el espíritu es vida. Amén. El Espíritu residente dará vida a tu cuerpo mortal. Amén". Si bebemos el Espíritu en Romanos 8, descubriremos que es como el caldo.

En este Espíritu de vida hay una ley. Esta ley no es la ley del Dios "crudo" con sus exigencias. Esta es la ley del Dios procesado, la ley del Espíritu de vida, con su provisión. Cuando mi esposa me sirve un tazón de caldo de pollo, no me hace demandas. A veces ni aun sé qué es lo que me da, salvo que es un caldo bueno para beber. ¡Alabado sea el Señor que con el Dios procesado está la ley del Espíritu de vida! Esta ley es el principio, el poder y la fuerza del Dios procesado. Todos debemos gritar: "Aleluya", porque esta ley que es el poder espontáneo y divino no está fuera de nosotros, sino que está en nuestro espíritu. La ley del Dios procesado está en nuestro espíritu.

¿Qué tenemos en esta ley? ¿Cuál es la esencia de esta ley? ¿Cuáles son sus elementos? Los elementos de la ley del Espíritu de vida son el Espíritu Divino y la vida eterna. El Espíritu Divino y la vida eterna son los elementos de esta ley. Así ella es poderosa y dinámica, y su poder es espontáneo. Tal ley está en nuestro espíritu.

D. Tres Vidas Con Tres Leyes

Somos personas complicadas, porque tenemos cuatro leyes relacionadas con nosotros. Sobre nosotros está la ley de Dios con sus exigencias. En nuestra mente está la ley del bien que responde a la ley de Dios. En nuestro cuerpo está la ley del pecado que guerrea contra la ley del bien. Todo esto está registrado en Romanos 7. Pero Romanos 8 nos dice que en nuestro espíritu está la ley del Espíritu de vida. Por esto tenemos cuatro leyes: una afuera exigiendo, una en la mente respondiendo, una en el cuerpo guerreando y una en nuestro espíritu supliendo, dando poder y venciendo.

¿Por qué somos tan complicados? Somos complicados porque hemos pasado a través de tres estaciones: la creación, la caída y la salvación de Dios. Fuimos creados, estuvimos caídos y fuimos salvados. Esta es nuestra historia, nuestra biografía. Nuestra biografía es simplemente que fuimos creados, que caímos y que fuimos salvados por Dios. En la creación de Dios recibimos una vida humana, la vida que nos hace un ser humano. En la caída otra vida fue inyectada dentro de nosotros, la vida maligna de Satanás que entró en nuestro cuerpo. Después que fuimos salvados, el Dios procesado como el Espíritu de vida entró en nuestro espíritu. Por esto, tres personas están en nosotros: nosotros mismos en nuestras almas, Satanás en nuestro cuerpo, y el Dios procesado como el Espíritu de vida en nuestro espíritu. Tenemos tres partes en nuestro ser, y cada parte tiene una persona: en nuestro cuerpo mora el pecado, es decir, Satanás; en nuestra alma mora nuestro yo, y en nuestro espíritu mora el Dios procesado como el Espíritu de vida.

Cada una de estas personas tiene una vida con una ley. Satanás tiene su vida satánica con su ley maligna, la ley del pecado. Nuestro hombre natural tiene una vida creada con una ley buena. El Dios procesado como el Espíritu que da vida tiene la vida divina con la ley del Espíritu de vida. Por lo tanto, tenemos una ley maligna, una ley buena, y la ley del Espíritu de vida, en resumen, la ley de la vida. Esta ley de la vida se opone tanto al bien como al mal; no tiene nada que ver con el bien y el mal, porque tanto el bien como el mal pertenecen al árbol del conocimiento del bien y del mal (Gn. 2:9, 17). La ley de la vida ciertamente pertenece al árbol de la vida (Gn. 2:9). Dentro de nosotros tenemos el árbol del conocimiento y el árbol de la vida. Por lo tanto, cada uno de nosotros es un huerto del Edén en miniatura. El hombre está aquí, Satanás como el árbol del conocimiento está aquí, y Dios como el árbol de la vida también está aquí. Estas tres partes que una vez estuvieron en el huerto del Edén, ahora están todas en nosotros. La batalla que estaba rugiendo entre Satanás y Dios en el huerto del Edén ahora ruge dentro de nosotros. Esta batalla involucra a tres personas, tres vidas y tres leyes.

E. Dios en Nuestro Espíritu

Como he señalado en otras ocasiones, Dios es revelado

progresivamente en el libro de Romanos. En Romanos 1 Él es el Dios en la creación, en Romanos 3 el Dios en la redención, en Romanos 4 el Dios en la justificación, en Romanos 5 el Dios en la reconciliación y en Romanos 6 es el Dios en la identificación. Podemos ver el proceso o el progreso de Dios desde la creación a la redención, desde la redención a la justificación, desde la justificación a la reconciliación, y desde la reconciliación a la identificación. Dios ha avanzado desde la creación a la identificación. En Su creación Dios estaba fuera de Sus criaturas; en la identificación nos ha hecho uno con Sí mismo poniéndonos dentro de Él mismo. Todos los que hemos sido bautizados, hemos sido bautizados dentro de Cristo (Ro. 6:3; Gá. 3:27). Dios nos ha puesto dentro de Cristo, identificándonos totalmente con Él mismo.

En Romanos 8 Dios llega a ser el Dios en nuestro espíritu. Él no es solamente el Dios en la identificación, sino el Dios en nuestro espíritu. No solamente nos ha hecho uno con Él, sino que también se ha hecho uno con nosotros. Ahora nuestro Dios está en nuestro espíritu. ¿Qué clase de Dios es Él? Él es el Dios procesado en nuestro espíritu. El Dios en la creación ha pasado a través de la redención, la justificación, la reconciliación, la identificación, y ahora Él está en nuestro espíritu. El Dios en nuestro espíritu no es simplemente Dios; Él ha sido procesado dentro del Espíritu de vida, porque el Espíritu de vida es el Dios procesado. De acuerdo con nuestra experiencia, nada es más agradable que esto. Podemos festejar en tal Dios.

F. El Disfrute de Cristo como el Espíritu que da Vida

Venir a un comedor para disfrutar a Dios como alimento no es mi concepto. En los evangelios el Señor Jesús dijo que el evangelio era un banquete. El Señor Jesús dijo que todas las cosas están listas y que debemos venir al banquete (Lc. 14:16-17). Él nos mandó que viniéramos y comiéramos. Incluso encontramos este pensamiento en la parábola del hijo pródigo (Lc. 15:11-32). Cuando el hijo regresó a casa, el padre puso la mejor túnica sobre él, una túnica que significa a Cristo como nuestra justicia para nuestra justificación. Cuando el hijo regresó, fue como un pobre mendigo parado ante un padre rico. Parecía que no había correspondencia entre ellos: el padre era rico y el hijo era pobre. De esta manera el padre dijo a los siervos que tomaran la mejor túnica y la pusieran sobre el hijo. Después que esta túnica hubo sido puesta sobre él, el hijo fue justificado delante del padre y correspondió con él. Ahora el hijo está como el padre, justificado y aprobado. Cristo como justicia cubre al hijo regresado. Aunque esto satisfizo al padre, el hijo podía haber dicho: "Padre, no me preocupo tanto por la túnica como me preocupo por mi estómago vacío. Padre, tengo hambre. Tú estás satisfecho, pero yo no lo estoy". Por esto fue que el padre dijo a los siervos que prepararan el becerro engordado, lo procesaran y lo pusieran en la mesa. El padre dijo: "Comamos todos y alegrémonos". ¿Quién es ese becerro engordado? El becerro es Cristo, quien fue procesado en la cruz hace más de mil novecientos años. Después que El fue procesado en la cruz, llegó a ser el Espíritu que da vida en resurrección (1 Co. 15:45).

¿Dónde está Cristo hoy? ¿Adónde fue después que El fue procesado después de Su muerte y Su resurrección? Sin duda, El fue a los cielos. Sin embargo, si El estuviese solamente en los cielos, sería imposible que la gente lo comiese. Los cielos están demasiado lejos. Pero Cristo no está solamente en los cielos (8:24), sino también en nosotros (8:10), aun en nuestro espíritu (2 Ti. 4:22). El comedor es nuestro espíritu. Después de ser procesado Cristo llegó a ser el Espíritu que da vida. El Cristo procesado es el Espíritu (2 Co. 3:17). El ha entrado en nuestro espíritu como vida y como la provisión de vida para nuestro disfrute.

Esto no es mi concepto. Aunque Cristo es vida, es difícil que Cristo te dé vida. ¿Quién da vida? Es el Espíritu el que da vida (Jn. 6:63; 2 Co. 3:6). Cristo es vida, pero es el Espíritu el que nos da a Cristo como vida. Sin el Espíritu, Cristo puede ser vida, pero no se puede dar a Cristo como vida. Al ser el Espíritu, Cristo es impartido como vida dentro de nosotros. Hoy, después de ser procesado, el mismo Cristo es el Espíritu que da vida. Ahora en nuestro espíritu podemos disfrutar a este maravilloso Espíritu. Nunca olvidemos que Cristo es el propio Dios, Jehová el Salvador, Dios con nosotros. Cristo es Dios. Este Cristo, después de ser procesado, ahora es el Espíritu que da vida. Tenemos que disfrutarle en Su plenitud como tal Espíritu. Nuestro espíritu regenerado es el comedor, y el Cristo procesado es nuestro alimento. El no es alimento en una forma física, sino en la forma del Espíritu. Nuestro alimento es el Espíritu. ¡Qué Espíritu tan abundante es éste! La divinidad, la humanidad, el amor, la luz, la vida, el poder, la justicia, la santidad, la gracia, todo lo que necesitamos está en el Espíritu. Romanos 8 ciertamente es este comedor.

ESTUDIO-VIDA DE ROMANOS

LA LIBERTAD DEL ESPIRITU
EN NUESTRO ESPIRITU

(2)

En este mensaje continuaremos nuestra consideración de Romanos 8:1-6. Como hemos visto, Romanos 8 es un agudo contraste con Romanos 7. En Romanos 7 vemos el cautiverio de la ley en nuestra carne, y en Romanos 8 vemos la libertad del Espíritu en nuestro espíritu. Cuando llegamos al capítulo ocho, nos volvemos del cautiverio en la carne a la libertad en el Espíritu.

II. LA LIBERTAD DE LA LEY DEL ESPIRITU DE VIDA

A. Ahora No Hay Condenación

Al final de Romanos 7, Pablo exclamó: "¡Miserable de mí! ¿Quién me librará de este cuerpo de muerte?" (v. 24). Pablo abrió el capítulo ocho diciendo: "Ahora, pues, ninguna condenación hay para los que están en Cristo Jesús" (v. 1). En el libro de Romanos hay dos clases de condenación: la condenación exterior y objetiva y la condenación interior y subjetiva. La condenación exterior procede de Dios, y la condenación interior procede de nosotros mismos. Vemos la condenación objetiva de Dios en los primeros capítulos de Romanos, por ejemplo en el 3:19 que dice: "Para que toda boca se cierre y todo el mundo quede bajo el juicio de Dios". Por esto, la condenación objetiva resulta de estar bajo el justo juicio de Dios. Este tipo de condenación está solucionado completamente por la sangre redentora de Cristo. La sangre redentora de Cristo nos ha salvado del juicio de Dios.

1. La Condenación Fuera de Cristo

La condenación interior y subjetiva se encuentra en el

capítulo siete. Cuando Pablo se lamentó: "¡Miserable de mí!", él no estaba experimentando la condenación de Dios, sino la condenación que procedía de él mismo, la auto-condenación de uno que trata de guardar la ley. Esta condenación procede de la persona misma, no de Dios. Mientras más intentes ser bueno y de cumplir la ley, más condenación interior tendrás. Si eres una persona despreocupada, sin tratar nunca de ser bueno, no experimentarás la condenación interior. Sin embargo, si dices: "Yo debo ser correcto y perfecto", serás condenado por ti mismo. Mientras más trates de mejorarte, más estarás bajo la auto-condenación. La condenación en Romanos 7 es la de una persona fuera de Cristo, aunque es experimentada por muchos cristianos que intentan cumplir la ley después que son salvos. Esta condenación no procede de Dios. Dios diría: "Hijo estúpido, Yo no quiero que tengas este tipo de condenación. Tú has causado esta dificultad por ti mismo". Muchos cristianos, habiendo solucionado el problema de la condenación objetiva, han creado para ellos mismos el problema de la condenación interior. Algunos han sido tan condenados que no pueden comer ni dormir adecuadamente. Aun sé de algunas personas que desarrollaron problemas mentales debido a la condenación subjetiva. Algunos hermanos se condenaron severamente por no amar a sus esposas, y ciertas hermanas se juzgan por no ser cariñosas con sus esposos. Eventualmente, el sentido de la condenación subjetiva llegó a ser tan extremo que desarrollaron problemas mentales. Tales personas están bajo el tremendo peso de la auto-condenación.

2. Ahora No Hay Condenación en Cristo

Pablo, después de su grito de miseria al final del capítulo siete, declaró en forma victoriosa: "Ahora entonces no hay condenación en Cristo Jesús" (lit.). Esto significa que lo que él experimentó en Romanos 7 no fue una experiencia en Cristo. Sin Cristo, o fuera de Cristo, él luchó de acuerdo con la ley en su mente para guardar la ley de Dios a fin de que pudiese agradar a Dios, pero fue totalmente derrotado por la ley del pecado. Esto ocurrió

cuando él estaba sin Cristo. De esta manera Pablo se
condenó a sí mismo. El tenía una convicción profunda de
esta condenación interior subjetiva. Pero "ahora" "en
Cristo Jesús" ya no hay este tipo de condenación. Pablo no
tenía "condenación" porque en Cristo él no necesitaba
guardar la ley de Dios por sí mismo, un esfuerzo que
producía la auto-condenación; "no hay condenación" porque en Cristo él tenía la ley del Espíritu de vida, la cual es
más poderosa que la ley del pecado y que lo libertó de la ley
del pecado; "no hay condenación" ahora, no debido a la
sangre redentora de Cristo que removió la condenación
objetiva de Dios, sino debido a la ley del Espíritu de vida
que introdujo la libertad del Espíritu en su espíritu y que
rompió toda su condenación subjetiva; y "no hay condenación" porque él fue liberado tanto de la ley de Dios como de
la ley del pecado.

B. La Libertad de la Ley del Espíritu de Vida

En Romanos 8 Pablo no dice: "No hay condenación en
Cristo Jesús porque la sangre de Jesús me ha limpiado".
Esta clase de condenación no es tratada por la sangre.
Somos liberados de la condenación subjetiva, no debido a
la sangre que nos limpia, sino debido a la ley que nos
libera. Hay una ley que nos liberta de la condenación
interior. Esta ley que nos libera tiene la potencialidad más
grande que cualquier otra ley. Aunque tenemos la ley de
Dios fuera de nosotros demandando, la ley del bien en
nuestra mente concordando con la ley de Dios, y la ley del
pecado en nuestro cuerpo guerreando contra y derrotando a
la ley del bien, no obstante debemos alabar al Señor porque
en nuestro espíritu está la ley del Espíritu de vida.
Ninguna ley puede prevalecer contra esta ley. ¿Quién
puede derrotar al Espíritu de vida? Nadie ni nada puede
derrotar al Espíritu de vida. Esta ley del Espíritu de vida es
el poder espontáneo del Espíritu de vida. Es la ley más
poderosa en el universo; está en nosotros y nos liberta.

¿Cómo nos liberta la ley del Espíritu de vida? Nos libera
en una "súper" forma. Si conforme al método antiguo de
guerra, algunos soldados eran sitiados por las tropas

enemigas, ellos habrían tenido que luchar por abrirse camino hasta el final. Sin embargo, en la guerra moderna no hay tal necesidad. Si estamos sitiados por el enemigo, no necesitamos luchar hasta el fin: tenemos una subida. Tenemos un camino hacia arriba. De esta manera, podemos decirle a Satanás: "Satanás, comparado conmigo tú eres poderoso. ¿Pero no sabes que tengo un Dios maravilloso que está tanto en mi espíritu como en los cielos? Puede que sea difícil que yo vaya a los cielos, pero es fácil para El. El está tanto en mí como en los cielos. Satanás, yo no necesito luchar hasta el final. Sólo digo: 'Alabado sea el Señor' y estoy en el tercer cielo. Satanás, tú y tu ejército atacante están bajo mis pies, y yo estoy libre".

En el caso de que tú pienses que esto es poco más que una buena teoría, permíteme aplicarlo y hacerlo muy práctico. Supongamos que tenemos una hermana que quiere someterse a su marido de acuerdo con Efesios 5. Ella dice: "Yo amo esta palabra. Es tan dulce y santa. Quiero someterme a mi esposo". Esto es simplemente el ejercicio de su mente mientras intenta cumplir el mandamiento dado en Efesios 5. Sin embargo, cuando determina practicar esto, sucede algo extraño. Parece que su ambiente cambia y ocurre algo muy opuesto a la sumisión. Su marido, quien siempre es agradable y cortés con ella, en la misma mañana que ella determina someterse a él, está bastante vulgar. Con gran desilusión, fracasa en cumplir el mandamiento. Satanás sube contra ella, la rodea y la ataca. Mientras más trata de suprimir su irritación con el comportamiento de su esposo, más se enoja, hasta que finalmente pierde el control de su carácter. Su lucha, su intento, fue vano. La hermana fue derrotada porque usó la estrategia incorrecta. Cada vez que seamos rodeados por el enemigo debemos olvidarnos de todo intento de luchar y debemos decir: "¡Alabado sea el Señor! ¡Amén!" Inmediatamente seremos trascendentes. Todo enemigo, incluso la gente que nos exaspera, estará bajo nuestros pies. Si tú no crees esto, te pido que lo pruebes. Esta estrategia funciona; es el arma más "moderna" y más prevaleciente contra el enemigo. En vez de condenación hay alabanza. ¿Por qué

hay alabanza y liberación en vez de condenación? Porque
la ley del Espíritu de vida nos libera de la ley del pecado y
de la muerte.

Para las dos clases de condenación tenemos dos
remedios diferentes. La sangre del Cristo crucificado es el
remedio para la condenación objetiva, y el Espíritu de vida
— el Cristo procesado para ser el Espíritu que da vida —
dentro de nuestro espíritu es el remedio para la condenación
subjetiva. Cuando experimentamos la condenación subjetiva, todo lo que necesitamos hacer es alabar al Señor y
seremos trascendentes. No ores en tal momento, porque
mientras más ores, experimentarás más condenación. Ni
debes decir: "Señor, yo aplico Tu sangre". Este no es el
remedio para esta clase de situación. Es la medicina
incorrecta para la enfermedad. Cuando estamos bajo la
condenación subjetiva, necesitamos al Espíritu de vida.
"Porque la ley del Espíritu de vida en Cristo Jesús me ha
librado de la ley del pecado y de la muerte".

1. En Cristo

Esta no es una experiencia fuera de Cristo, sino una
experiencia absolutamente en Cristo. En Cristo, no en
Adán ni en nosotros mismos, sino en Cristo, tenemos al
Espíritu de vida, quien es Cristo mismo como el Espíritu
que da vida, en nuestro espíritu. En Cristo nuestro espíritu
ha sido vivificado con Cristo como vida. Porque estamos en
Cristo, el Espíritu de vida, quien es Cristo mismo, mora en
nuestro espíritu y se mezcla con nuestro espíritu como un
espíritu. En Cristo tenemos nuestro espíritu vivificado, la
vida divina y el Espíritu de vida. En Cristo estos tres — nuestro espíritu, la vida divina y el Espíritu de vida — están
todos mezclados como una unidad. En Cristo, con esta
unidad, está el poder espontáneo, el cual es la ley del
Espíritu de vida, que nos liberta continuamente de la ley
del pecado y de la muerte cuando andamos conforme al
espíritu mezclado.

2. Diariamente

Esta experiencia no es de una vez por todas; debe ser una

experiencia diariamente continua. Día tras día, momento tras momento, necesitamos vivir en el espíritu mezclado, andar conforme a este espíritu, y tener nuestras mentes puestas sobre este espíritu maravilloso, olvidando nuestros intentos de guardar la ley de Dios y de hacer el bien a fin de agradar a Dios. Porque una vez que somos arrastrados a nuestra forma antigua y habitual de tratar de hacer el bien, somos aislados inmediatamente de la ley poderosa del Espíritu de vida. Nosotros debemos mirar al Señor para que habitemos siempre en nuestro espíritu, de modo que disfrutemos la libertad de la ley del Espíritu de vida.

C. La Imposibilidad de la Ley

Romanos 8:3 dice: "Porque lo que era imposible para la ley, por cuanto era débil por la carne, Dios, enviando a su Hijo en semejanza de carne de pecado y a causa del pecado, condenó al pecado en la carne". Este versículo dice que hay una imposibilidad relacionada a la ley, refiriéndose no a la ley del Espíritu de vida, con la cual no hay imposibilidad, sino a la ley de Dios fuera de nosotros. Hay una imposibilidad asociada con la ley de Dios, porque esa ley es débil por la carne. La carne es el factor de debilidad, produciendo la imposibilidad mencionada en el 8:3.

El tema del 8:3 es Dios. Dios envió a Su propio Hijo en semejanza de carne de pecado a causa del pecado, y condenó al pecado en la carne. Este versículo, el versículo más profundo en Romanos 8, es muy difícil de entender.

¿Qué es la "carne de pecado"? La carne de pecado es nuestro cuerpo. La "carne de pecado" en el 8:3 corresponde al término "el cuerpo del pecado" en el 6:6, donde se nos dice que nuestro hombre viejo ha sido crucificado con Cristo para que "el cuerpo del pecado" sea hecho de ningún efecto. ¿Por qué nuestro cuerpo es llamado "el cuerpo del pecado" y la "carne de pecado"? Porque, como hemos visto de Romanos 7, el pecado mora en nuestro cuerpo. Ya que nuestro cuerpo es la habitación del pecado, es llamado "el cuerpo del pecado". Ya que nuestro cuerpo ha llegado a ser un cuerpo caído, también es llamado la "carne", es decir, la "carne de pecado".

Nuestra debilidad en guardar la ley de Dios está con nuestro cuerpo del pecado. Nuestro cuerpo es débil a lo máximo en guardar la ley de Dios. Aunque nuestra mente quiera guardar la ley de Dios, nuestro cuerpo no tiene la fuerza para hacerlo. Está debilitado y paralizado por el pecado. El pecado es como la poliomielitis que paraliza y lisia los cuerpos de los niños. Del mismo modo, nuestros cuerpos humanos han sido paralizados por el pecado. Este cuerpo del pecado es el factor básico de la debilidad en guardar la ley de Dios. Romanos 8:3 dice que la ley de Dios era débil por la carne. ¿Por qué la ley de Dios ha llegado a ser débil? Debido a la carne. La ley de Dios hace sus demandas, pero los cuerpos de los pecadores no pueden cumplirlas porque dentro del cuerpo está el pecado como el factor debilitante.

Aunque el cuerpo del pecado o la carne de pecado es sumamente débil en guardar la ley de Dios, es poderoso en cometer pecado. A menos que tú tengas la misericordia y la gracia del Señor, es difícil que te sientes en las reuniones de la iglesia. Mientras consideras el asistir a una reunión de oración tú puedes decir: "No dormí bien anoche y tengo dolor de cabeza. Estoy demasiado cansado para ir a la reunión". Sin embargo, si alguien te invita para ir al cine, el cuerpo del pecado es enérgico y poderoso. Por lo tanto, nuestro cuerpo es débil hacia la ley de Dios, pero muy fuerte para cometer pecado. Por esto, por nuestro cuerpo del pecado la ley de Dios es débil.

D. El Pecado Condenado

Ya que la ley es débil por el cuerpo del pecado, ¿qué hizo Dios por ello? ¿Qué ha hecho Dios con esta situación? La ley de Dios hace sus demandas, pero ha sido debilitada por la carne. El problema no está con la ley misma; la dificultad está con el pecado y la carne de pecado. El pecado es el transgresor y la carne de pecado es el ayudante. Los dos trabajan juntos. Si Dios fuese a solucionar el problema, habría tenido que tratar tanto con el pecado como con la carne. Aunque el pecado, no la carne, es el problema principal, Dios debe tratarlos a ambos.

¿Cómo lo hizo? Dios lo hizo en una forma maravillosa, en una forma que está más allá de las palabras humanas para explicarla adecuadamente. Dios solucionó el problema al enviar a Su propio Hijo "en semejanza de carne de pecado". Dios fue sabio. El sabía que no debería enviar a Su Hijo para que fuese la carne de pecado, porque, si hubiese hecho eso, Su Hijo habría estado envuelto con el pecado. Por lo tanto, envió a Su Hijo "en semejanza de carne de pecado", como se tipificó por la serpiente de bronce levantada por Moisés en el desierto (Nm. 21:9), y mencionada por el Señor Jesús mismo. En Juan 3:14 Jesús dijo: "Y como Moisés levantó la serpiente en el desierto, así es necesario que el Hijo del Hombre sea levantado", indicando que la serpiente de bronce era un tipo de El mismo en la cruz en lugar nuestro. Cuando estuvo en la cruz, Jesús estuvo en la forma de la serpiente ante los ojos de Dios. Cuando Dios consideró a Jesús mientras estaba clavado a la cruz, le vio en la *forma* de la serpiente. ¿Quién es la serpiente? Satanás. ¿Qué es el pecado que fue inyectado dentro del cuerpo del hombre, transmutándolo a la carne de pecado? La naturaleza de Satanás. Por esto, la carne de pecado realmente quiere decir la carne con la naturaleza de Satanás. La Biblia dice que Jesús, el Hijo de Dios, llegó a ser carne (Jn. 1:14). Sin embargo esto absolutamente no quiere decir que Jesús llegó a ser la carne con la naturaleza de Satanás, porque el 8:3 dice que El fue enviado en *"semejanza* de carne de pecado", indicando por eso que Jesús solamente asumió la *"semejanza* de carne", no la naturaleza pecaminosa de la carne. Además, 2 Corintios 5:21 dice: "Al que no conoció pecado, por nosotros lo hizo pecado". Aunque este versículo dice claramente que Cristo fue hecho pecado, no quiere decir que El fue pecaminoso en naturaleza. El fue hecho solamente "en *semejanza* de carne de pecado". La serpiente de bronce tenía la forma serpentina de la serpiente, pero no tenía el veneno de la serpiente. Tenía la forma serpentina sin la naturaleza serpentina. Cristo fue hecho pecado en la forma. Dentro de El "no hubo pecado" (2 Co. 5:21; He. 4:15); El no tuvo nada que ver con la naturaleza del pecado. El

solamente fue hecho en la forma de la serpiente, "en
semejanza de carne de pecado" por nosotros.

Juan 12:31 dice: "Ahora es el juicio de este mundo;
ahora el príncipe de este mundo será echado fuera".
Cuando el Señor Jesús expresó estas palabras, estaba
hablando acerca de Su muerte venidera en la cruz. El
Señor estaba diciendo que el tiempo de Su crucifixión sería
el tiempo del juicio de Satanás, pues Satanás es el príncipe
de este mundo, cuyo juicio fue anunciado en Juan 12:31.
Fue Jesús quien colgó en la cruz, pero ante los ojos de Dios,
Satanás fue juzgado allí. Por lo tanto, Hebreos 2:14 dice
que a través de la muerte Cristo lo destruyó a él, al que
tenía el poder de la muerte, al diablo, Satanás. Cristo
destruyó a Satanás por Su muerte en la carne en la cruz.
En la cruz, Cristo "en semejanza de carne de pecado" no
solamente fue un substituto por los pecadores, quitando
todo su pecado; El también fue crucificado en la forma de
la serpiente, destruyendo completamente a Satanás, el
diablo.

Debido a la carne de pecado, la ley de Dios era débil. Por
lo tanto, Dios tenía que tratar tanto a la carne como al
pecado. El envió a Su Hijo "en semejanza de carne de
pecado", es decir, en la forma de la serpiente. Cristo llevó
esta carne a la cruz y la crucificó allí. Todos los seres en el
mundo espiritual, los ángeles y los espíritus malignos,
saben el significado de esto. Cuando entremos en la
eternidad miraremos hacia atrás y diremos: "Ahora
comprendo cómo Satanás fue pulverizado por la carne de
Cristo en la cruz". Satanás fue pulverizado, destruido por
la misma carne que Cristo se puso, porque esa carne fue en
la forma de la serpiente. Cuando esa carne fue crucificada
en la cruz, Satanás fue pulverizado y destruido.

Romanos 8:3 no solamente dice que Dios envió a Su
Hijo "en semejanza de carne de pecado", sino que también
le envió "a causa del pecado". Algunas versiones traducen
"a causa del pecado" como "como una ofrenda por el
pecado", tomando la palabra pecado aquí como una referencia a la ofrenda por el pecado. Aunque esta interpretación no es incorrecta, no transmite el pensamiento

plenamente. El pensamiento de Pablo es que Dios envió a Su Hijo, no solamente "en semejanza de carne de pecado", sino también "a causa del pecado", es decir, para todo lo relacionado al pecado, para que condenara al pecado y todo lo relacionado a él. Todo lo asociado con el pecado fue condenado en la carne de Cristo en la cruz. Nunca olvidemos que el pecado es la naturaleza de Satanás. La naturaleza de Satanás, es decir, el pecado, estaba en la carne, y Cristo se puso esta carne en la cual moraba el pecado, la naturaleza de Satanás. Luego Cristo llevó esta carne a la cruz y la crucificó. Por esto tanto el pecado como Satanás fueron condenados.

Satanás estuvo ansioso y feliz al entrar en el cuerpo del hombre, el cual llegó a ser la carne después que entró en él, estando contento por tener un lugar de alojamiento. Sin considerar cuán sabio sea Satanás, nunca puede superar a Dios. Dios es mucho más sabio. Dios envió a Su Hijo en la semejanza de esta carne en la cual estaba Satanás, y la condenó en la cruz. Fue como si Satanás hubiese pensado: "Ahora puedo entrar en el cuerpo del hombre". Sin embargo, Satanás no realizó que esto era una trampa. Cuando Satanás tomó el cebo, fue atrapado. Podemos usar la ilustración de una trampa para ratones. Es difícil atrapar a un ratón, porque el ratón siempre huye. Sin embargo, podemos usar una trampa para ratones con algún cebo. El ratón entra en la trampa, intrigado con la perspectiva de tener el cebo en su posesión. Entonces es atrapado y un hombre puede aplastarlo fácilmente. Del mismo modo, Satanás ha sido atrapado y pulverizado en la carne de Cristo en la cruz. Al hacer esto Dios solucionó dos problemas a la vez: solucionó el problema del pecado y de la carne de pecado. Dios ha solucionado el problema del pecado, la naturaleza y la fuente del cual es Satanás, y el problema de la carne. ¡Alabado sea el Señor!

E. El Requisito Justo
de la Ley Cumplido

Romanos 8:4 dice: "Para que el requisito justo de la ley se cumpliese en nosotros, quienes no andamos conforme a la carne, sino conforme al espíritu" (lit.). El hecho de que el 8:3 termine con una coma, indica que lo que fue efectuado en ese versículo es para el versículo siguiente. Dios condenó al pecado en la carne a fin de que el requisito justo de la ley se cumpliese en nosotros. Había una imposibilidad relacionada a la ley de Dios debido a la carne. Por lo tanto, Dios envió a Su Hijo "en semejanza de carne de pecado" y condenó al pecado, solucionando el problema doble del pecado y la carne, para que el requisito justo de la ley se cumpliese en nosotros. El "nosotros" se refiere a los que "no andamos conforme a la carne, sino conforme al espíritu". El escrito de Pablo es maravilloso. En el 8:2 menciona al Espíritu Santo y en el 8:4 se refiere no solamente al Espíritu Santo, sino aún más al espíritu humano. El Espíritu Santo es el Espíritu de vida, y el espíritu humano residido por y mezclado con el Espíritu Santo es el mismo espíritu conforme al cual andamos. El Espíritu Santo de vida está en nuestro espíritu humano. Si andamos conforme a este espíritu mezclado, todos los requisitos justos de la ley serán cumplidos espontáneamente. No hay necesidad de que guardemos la ley. Los requisitos de la ley son cumplidos espontáneamente por la ley del Espíritu de vida.

F. La Mente como la Clave

El próximo versículo ofrece alguna explicación adicional. "Pues los que son conforme a la carne piensan las cosas de la carne; pero los que son conforme al espíritu, las cosas del Espíritu" (lit.). Después de mencionar al Espíritu de vida y al espíritu humano mezclado con el Espíritu Santo, Pablo llega a la mente. Pablo previamente ha mencionado a la mente en el 7:25, que dice: "Con la mente yo mismo sirvo como un esclavo a la ley de Dios" (lit.). La frase "con la mente yo mismo" indica que la mente en el 7:25 era independiente. La mente en el capítulo ocho es diferente; es una mente puesta sobre las cosas del Espíritu. En Romanos 7 la mente sale para actuar independientemente; en Romanos 8 la mente regresa para depender del espíritu, no actuando más por sí misma.

La mente tiene la posición de una esposa. La forma más sabia para que viva una esposa no es actuar independientemente, sino venir a su esposo. Si la esposa tiene una dificultad, no debe tratar con ésta por sí misma. Debe referirla a su esposo. En Romanos 7 la mente era independiente, una esposa comportándose como un esposo. En Romanos 8 la mente mantiene su posición como la esposa, no saliendo más por sí misma, sino regresando siempre al esposo. La mente en el capítulo ocho dice: "Querido espíritu esposo, ¿qué debo hacer?" El espíritu esposo responde: "Querida esposa, no necesitas hacer nada. Yo cuidaré de la situación". Romanos 7 y 8 nos muestra que la misma mente puede tener dos acciones diferentes. En el capítulo siete la mente actúa independientemente en una posición incorrecta y auto-asumida, como el esposo. En el capítulo ocho la mente llega a ser la esposa correcta, manteniendo su posición apropiada y regresando para depender de su esposo, el espíritu.

Concluimos con el 8:6. "Pues la mente puesta sobre la carne es muerte, pero la mente puesta sobre el espíritu es vida y paz" (lit.). De este versículo podemos ver que aun la mente puede ser vida. La mente independiente no puede guardar la ley de Dios, pero la mente puesta sobre el espíritu es vida y paz. Tal mente está llena de disfrute y de reposo. La paz es para el reposo y la vida es para el disfrute. Cuando la mente está puesta sobre el espíritu, no hay derrota, condenación ni sentimientos negativos: solamente vida y paz, disfrute y reposo. La misma mente que, en sí misma, es incapaz de guardar la ley de Dios, puede ser una mente de vida y paz al ser puesta sobre el espíritu.

Esto no es teoría; funciona en la práctica. Si tú lo practicas, verás por ti mismo. Pablo no escribió Romanos 8 conforme a la teoría, sino conforme a su experiencia. Es fácil que la ley sea cumplida espontáneamente. En efecto, ni aun necesitamos hacerlo nosotros mismos, porque la ley será cumplida en nosotros espontánea y subconscientemente. Aunque no tengamos la intención de cumplir la ley, encontramos que es cumplida. Puede que no tengas la intención de amar a tu esposa, pero la amas inconscientemente.

Puede que no tengas la conciencia de someterte a tu esposo, pero estás enteramente sumisa sin realizarlo. Este es el cumplimiento espontáneo y automático del requisito de la ley al tener la mente puesta sobre el espíritu.

Tanto en el 7:25 como en el 8:6, la mente, ya sea si es independiente de o dependiente sobre el espíritu, representa a la persona misma. Así, cuando la mente es independiente del espíritu, quiere decir que la persona actúa en sí misma, sin depender del espíritu. Pero cuando la mente es dependiente en el espíritu la persona no actúa en sí misma; depende en el espíritu. Por esto, tener la mente puesta sobre el espíritu significa tener todo nuestro ser puesto sobre el espíritu, y actuar conforme al espíritu. Como ahora Cristo es el Espíritu que da vida residiendo nuestro espíritu como nuestra vida y nuestro todo, ya no debemos actuar en nosotros mismos conforme a nuestra mente independiente. Nosotros debemos mantener nuestra mente como una con nuestro espíritu, y debemos actuar, andar y tener nuestro ser conforme al espíritu para que seamos liberados de la ley del pecado y de la carne, y para que cumplamos espontáneamente el requisito justo de la ley de Dios. Esto es ser libertado de la ley del pecado y de la muerte por la ley del Espíritu de vida en Cristo. Esto también es disfrutar al Cristo residente como nuestra vida y nuestra provisión de vida.

ESTUDIO-VIDA DE ROMANOS

MENSAJE DIECISEIS

LA LIBERTAD DEL ESPIRITU EN NUESTRO ESPIRITU

(3)

III. LA EXISTENCIA INTERIOR DE CRISTO EL ESPIRITU

Aunque en Romanos 8:1-6 vemos claramente la libertad de la ley del Espíritu de vida, es difícil ver el punto central de los próximos siete versículos. Sin embargo, si entramos en lo profundo del pensamiento de esta porción, veremos que en ella Pablo está tratando de decirnos que algo más que el pecado tiene su alojamiento dentro de nosotros. En el 7:20 Pablo dijo: "Y si hago lo que no quiero, ya no lo hago yo, sino el pecado que mora en mí". Por esto, Romanos 7 expone al pecado residente. Como hemos visto, Romanos 8 es un contraste agudo con Romanos 7. Romanos 7 tiene cautiverio; Romanos 8 tiene libertad. Romanos 7 tiene la ley; Romanos 8 tiene el Espíritu. Romanos 7 tiene nuestra carne; Romanos 8 tiene nuestro espíritu. Además, Romanos 7 tiene al pecado residente. De acuerdo con Romanos 8, ¿qué nos reside? Es Cristo, el Cristo residente. En Romanos 7 tenemos al pecado residente como el factor principal de toda desdicha. En Romanos 8 tenemos al Cristo residente como el factor de toda bienaventuranza.

Si Cristo no fuese el Espíritu, El nunca podría residirnos. El tiene que ser el Espíritu a fin de residirnos. En los versículos 9 y 10 encontramos tres términos sinónimos que se usan intercambiablemente: "el Espíritu de Dios", "el Espíritu de Cristo" y "Cristo". Además, el versículo 11 se refiere al Espíritu residente. Estos sinónimos indican y prueban que Cristo es el Espíritu residente. Indudablemente "el Espíritu de Dios" en el versículo 9 es "el Espíritu de vida" en el versículo 2. Después que Pablo menciona "el

Espíritu de Dios", habla acerca del "Espíritu de Cristo" y "Cristo" mismo. Luego en el versículo 11 se refiere al Espíritu residente. Esto significa que el "Espíritu de Dios" es el "Espíritu de Cristo" y el "Espíritu de Cristo" es "Cristo" mismo. Por esto, Cristo en nosotros es el Espíritu residente. El es "el Espíritu de vida", es "el Espíritu de Dios", y también es "el Espíritu de Cristo" residiéndonos para que se nos imparta como vida. Cristo no solamente imparte vida a nuestro espíritu (v. 10), sino también a nuestras mentes (v. 6) y a nuestros cuerpos mortales (v. 11). Por lo tanto, Cristo ahora es vida en el Espíritu Santo (v. 2), vida en nuestro espíritu (v. 10), vida en nuestra mente (v. 6), y vida en nuestro cuerpo mortal (v. 11). Cristo es vida con riquezas cuádruples.

Aunque el libro de Romanos ha estado en mis manos durante años, sólo recientemente he visto que Cristo es la vida cuádruple. Cristo es vida para nosotros con riquezas cuádruples e intensificadas. El no es vida solamente en el Espíritu Divino y en nuestro espíritu humano; aun es la vida en nuestras mentes. Además, Cristo puede ser vida para nuestros cuerpos mortales. En otras palabras, El ahora es vida en Dios así como vida en el pueblo de Dios. Este es el punto principal del 8:7-13. El punto central es que Cristo como el Espíritu residente es vida para nosotros con riquezas cuádruples. El es tan rico. El sustenta nuestro espíritu, suple nuestras mentes y aun vivifica nuestros cuerpos mortales. Esta vida, la cual es Cristo mismo, es la vida que disfrutamos hoy día. Que el Señor nos devele esto en forma completa, no simplemente en una forma doctrinal, sino por el camino de la experiencia. Todos debemos ver que nuestro Cristo es el Espíritu residente como vida con riquezas cuádruples.

A. La Carne

Romanos 8:7 dice: "Porque la mente puesta sobre la carne es enemistad contra Dios; porque no está sujeta a la ley de Dios, ni en verdad puede estarlo" (lit.). Este versículo dice enfáticamente que nuestra carne es un caso perdido. Si nuestra mente está puesta sobre nuestra carne, también llega a estar desahuciada. Cualquier cosa que sea una con la carne, está desahuciada. No pienses que tú puedes santificar tu carne. Esto es imposible. La carne es carne, y la carne está absolutamente desahuciada. Nunca pongas alguna esperanza en tu carne. Nunca puede ser mejorada. Dios ha hecho la decisión definitiva de que la carne debe ser terminada porque es totalmente corrupta. Dios juzgó a la generación de Noé con el diluvio porque esa generación se había convertido en carne (Gn. 6:3). Cuando esa generación se convirtió en carne, Dios la consideró desahuciada. Dios encontró imposible rescatarla, recuperarla o mejorarla. Dios pareció decir: "Que se pierda esa generación. Yo debo ponerla completamente bajo Mi juicio". El juicio del diluvio fue un juicio sobre la carne. Solamente cuando el hombre se había convertido en carne Dios ejercitó el juicio sobre el hombre como la carne. Por lo tanto, nunca digas que tu carne puede ser mejorada. Nunca pienses que hoy tu carne es mejor que antes de que fueses salvo. Si una persona es salva o no, la carne permanece carne. La carne está desahuciada, y todo lo relacionado a ella también está desahuciado.

Pablo dijo que "la mente puesta sobre la carne es enemistad contra Dios". La carne es enemistad contra Dios, y la mente puesta sobre ella también es enemistad contra Dios. La mente puesta sobre la carne no está sujeta a la ley de Dios. Es imposible que tal mente se sujete a la ley de Dios, aun si quisiera estarlo. De esta manera, el veredicto sobre la carne es final. La carne está terminada, y todo lo relacionado a la carne está terminado.

Pablo continúa este pensamiento en el versículo 8, que dice: "Y los que están en la carne no pueden agradar a Dios" (lit.). Mientras estemos en la carne, no podemos agradar a Dios. Nunca digas que tu carne es buena. En los versículos 7 y 8 vemos cuatro puntos: que la carne es enemistad contra Dios, que no está sujeta a la ley de Dios, que no puede estar sujeta a la ley de Dios, y que la carne no puede agradar a Dios. Esta es la condición de la carne.

B. La Existencia Interior de Cristo el Espíritu

"Pero vosotros no estáis en la carne, sino en el espíritu, si en verdad el Espíritu de Dios mora en vosotros. Pero si alguno no tiene el Espíritu de Cristo, no es de El" (lit., v. 9). Muchos versículos en las epístolas empiezan con la maravillosa palabra "pero". ¡Aleluya por "pero"! En nuestra historia necesitamos muchos "peros" tales como éste. Debemos ser capaces de decir: "Oh, yo estaba abatido esta mañana, 'pero'. Soy tan débil en mí mismo, 'pero'. Estoy absolutamente desahuciado, 'pero'". Pablo dice: "Pero vosotros no estáis en la carne..." Nunca digas que tú tienes una carne buena y que estás en tu carne buena. No debemos permanecer en nuestra carne, porque nuestra carne ha sido condenada. Si una casa ha sido condenada por el gobierno, es ilegal que te quedes allí. Del mismo modo, la carne ha sido condenada completamente por Dios, y no debemos permanecer allí, discutiendo que nuestra carne ha mejorado. No debemos estar en la carne, sino en el espíritu. Este espíritu denota al espíritu humano mezclado con el Espíritu Divino.

1. La Existencia Interior del Espíritu de Dios

Hay una condición para que estemos en el espíritu. La condición es que el Espíritu de Dios more en nosotros (v. 9). La palabra "mora" significa realmente "hace hogar". Estamos en el espíritu si el Espíritu de Dios mora, hace Su hogar, en nosotros. Aunque tú seas salvo, quizás el Espíritu de Dios todavía no hace Su hogar en ti. Esto explica por qué no estás todavía en el espíritu. Aunque el Espíritu de Dios está en ti, no ha podido hacer Su hogar en ti. El no mora en ti. Yo puedo ser invitado a tu hogar, pero no puedo hacer mi hogar en tu hogar. Estoy allí como un huésped, y no puedo radicarme allí. Del mismo modo, el Espíritu de Dios está en nosotros, pero no puede morar en nosotros. El es el huésped, no el morador. Si el Espíritu de Dios puede hacer Su hogar en nosotros, radicándose en nosotros con suficiente espacio, entonces estaremos en el espíritu y no en la carne. Sin embargo, si el Espíritu de Dios no tiene este espacio en el cual alojar, permaneceremos en la carne, no en el espíritu.

2. La Existencia Interior del Espíritu de Cristo

El versículo 9 dice: "Pero si alguno no tiene el Espíritu de Cristo, no es de Él". Inmediatamente "el Espíritu de Dios" cambia a "el Espíritu de Cristo". Nadie puede negar que esto indica que "el Espíritu de Dios" es "el Espíritu de Cristo", y que "el Espíritu de Cristo" es "el Espíritu de Dios". Pablo dice: "Si alguno no tiene el Espíritu de Cristo, no es de Él". Si tú has realizado que el Espíritu de Dios todavía no hace Su hogar en ti, no te desanimes. No digas: "Ya que el Espíritu de Dios no tiene un hogar en mí, yo desisto". Aunque el Espíritu de Dios no more en ti, tienes el Espíritu de Dios, el cual es el Espíritu de Cristo. Mientras tengas el Espíritu de Cristo, eres de Cristo. ¿Tú no eres de Cristo? Todos debemos declarar: "¡Aleluya, yo soy de Cristo!" Tenemos el Espíritu de Cristo en nosotros y somos de Cristo. Sin embargo, es un asunto condicional si el Espíritu de Dios, el cual es el Espíritu de Cristo, mora en nosotros o no. El Espíritu de Cristo tiene que hacer Su hogar en nosotros, tiene que tomar posesión de nuestro ser interior, para que estemos en el espíritu.

3. La Existencia Interior de Cristo

El versículo 10 dice: "Pero si Cristo está en vosotros, el cuerpo en verdad está muerto a causa del pecado, mas el espíritu vive a causa de la justicia". Aquí dice que Cristo está en nosotros. En el versículo 9 es "el Espíritu de Dios" y luego "el Espíritu de Cristo". Ahora en el versículo 10 es "Cristo" mismo. Esto prueba seguramente que "Cristo" es "el Espíritu de Dios" y "el Espíritu de Cristo". Todos debemos admitir esto. Cristo como el Espíritu está en nosotros. Este es un asunto tremendo. ¿Dónde estaba Cristo en Romanos 3? El estaba en la cruz, derramando Su sangre para la redención. ¿Dónde estaba Cristo en el capítulo cuatro? El estaba en resurrección. Pero en el capítulo ocho Cristo está en nosotros. En el capítulo seis estamos en Cristo, pero en el capítulo ocho Cristo está en nosotros. Estar en Cristo es un aspecto; tener a Cristo en nosotros es otro. Primero, nosotros habitamos en Cristo, luego Cristo habita en nosotros (Jn. 15:4). Nuestro habitar en El trae Su habitar en nosotros. Estar en Cristo es la condición para que Cristo esté en nosotros. ¡Alabado sea el Señor que Cristo está en nosotros! Cristo se ha forjado dentro de nosotros; El ha sido procesado dentro de nosotros. Este Cristo tiene que morar y hacer Su hogar en nosotros.

a. El Pecado Residente
Trayendo Muerte al Cuerpo

Aunque Cristo está en nosotros, nuestro cuerpo todavía permanece muerto a causa del pecado. Después de leer el mensaje anterior en el cual hemos señalado que Dios ha condenado al pecado en la carne, algunos pueden decir: "Ya que Dios ha condenado al pecado, el pecado no puede funcionar más. Nuestro cuerpo ya no está muerto: ahora está vivo". Este no es el entendimiento correcto de la palabra de Pablo. Aunque Dios ha condenado al pecado en la carne, el pecado continúa morando en nuestro cuerpo, y de esta manera nuestro cuerpo todavía está muerto. Hay mucho argumento acerca de este punto. Algunos dicen que ya que Dios ha condenado al pecado en la cruz, el pecado ha sido anulado y los creyentes no pueden pecar. Algunos aun dicen que después que somos salvos el pecado está erradicado o desarraigado. La escuela de la erradicación enseña que cuando fuimos salvos la raíz del pecado dentro de nosotros fue extraída. Todos los que siguen esta escuela creen que el pecado ha sido erradicado del ser de una persona salvada.

Hace cerca de cuarenta años en Shanghai hubo un predicador que enseñaba enfáticamente este concepto de la erradicación. El decía a la gente que ellos no podían pecar después que eran salvos. Un día, este predicador y varios hombres jóvenes que se reunían bajo su enseñanza fueron al parque de la ciudad en Shanghai. Ese parque exigía la compra de una entrada a fin de ser admitido. Este hombre compró tres o cuatro entradas para ser usadas por un total de cinco personas. ¿Cómo hizo esto? Primeramente, algunos de ellos entraron al parque con las entradas. Entonces uno de ellos salió con las entradas y dio una entrada a uno de los otros. Esto continuó hasta que todos los cinco hombres hubieron entrado al parque. En esta forma pecaminosa ese predicador llevó a sus cuatro jóvenes discípulos a través de la puerta del parque. A causa de esto, uno de los jóvenes empezó a dudar de la enseñanza de la erradicación. El se dijo dentro de sí mismo: "¿Qué está haciendo usted? Dice que el pecado ha sido erradicado de usted. ¿Qué es esto?" Eventualmente el hombre joven fue al predicador y dijo: "¿Eso no fue un pecado?" El predicador replicó: "No, eso no fue un pecado. Eso fue sólo una pequeña debilidad". A pesar de los términos que usemos, el pecado es pecado. Aunque tú lo llames por otro nombre, no obstante permanece como pecado. Nunca aceptemos una enseñanza que diga que hemos llegado a ser tan espirituales y santos que es imposible que pequemos. Si aceptamos tal doctrina, seremos engañados, y el resultado será la miseria.

El Señor Jesús ejecutó todo en la cruz, pero el efecto de lo que hizo solamente puede ser realizado por nosotros cuando estamos en el Espíritu. En realidad, todo lo que Cristo hizo en la cruz nos incluye. Tenemos una parte, una porción, en todo lo que Cristo efectuó en la cruz. Este es un hecho glorioso. Sin embargo, todavía necesitamos experimentarlo. Aunque el pecado en nuestro cuerpo ha sido tratado totalmente por la cruz de Cristo, ¿cómo podemos experimentar este hecho? La única forma es estar en el Espíritu. El Espíritu de Cristo es todo-inclusivo. Todo lo que Cristo es, hizo, obtuvo y alcanzó, está en el Espíritu todo-inclusivo. De esta manera, si vamos a experimentar todo lo que tenemos en Cristo, necesitamos estar experimentalmente y en la experiencia en el Espíritu. Es el Espíritu todo-inclusivo el que transmite dentro de nosotros todo lo que tenemos en Cristo.

No podemos permitirnos el permanecer lejos del Espíritu. Día a día, hora tras hora, y aun momento a momento, necesitamos estar en el Espíritu. No digas: "Anoche tuve un tiempo maravilloso con el Señor. Ahora soy más santo que los ángeles y todos mis problemas han terminado". Aunque puedas haber tenido tal experiencia por un breve momento anoche, si no permaneces en el Espíritu todo-inclusivo puedes hundirte tan bajo como el infierno. No digas que ya que has recibido cierta visión o revelación o tuviste una experiencia espiritual particular, que eres santo y no tienes problemas. Si dices esto, más tarde puedes encontrarte en la miseria.

Un buen tipo del Espíritu es el aire. Necesitamos respirar aire constantemente. Jamás podemos decir: "En la mañana respiré profundamente, y tomé bastante aire fresco. Ahora yo estoy lleno de aire y no necesito respirar más". Tú nunca debes dejar de respirar y nunca debes permanecer lejos del aire. Nunca pienses que ya que has sido lleno una vez, no necesitas respirar más. Si dejas de respirar, morirás después de cinco minutos. La experiencia del Espíritu de vida es como respirar. Necesitamos respirar a cada momento. Debemos permanecer en el Espíritu que da vida, porque una vez que estamos separados de El estamos muertos. No digas que tú estás calificado y eres experimentado. Necesitas estar siempre fresco y nuevo. No me importa cuánto tiempo yo haya sido salvo o cuánto tiempo haya estado experimentando las riquezas del Señor. Solamente me importa una cosa: que actualmente esté en el Espíritu. Debo estar fresca e instantáneamente en el Espíritu. El Espíritu que da vida es como la respiración. Debemos respirarle incesantemente.

b. El Cristo Residente
Trayendo Vida a Nuestro Espíritu

Aunque Cristo está en nosotros, nuestro cuerpo todavía está muerto debido al pecado. El pecado residente ha traído muerte a nuestro cuerpo. Sin embargo, no debemos estar perturbados por nuestro cuerpo muerto, ya que nuestro espíritu regenerado es vida a causa de la justicia. El Cristo residente trae vida a nuestro espíritu a través de la justicia. Esta justicia es la justicia de Dios, la cual es Cristo. Cristo primeramente es justicia para nosotros y luego, debido a esto, El también es vida para nosotros. Cuando el hijo pródigo regresó al hogar a su padre, no estaba calificado para sentarse con él y comer el becerro engordado. El todavía no estaba vestido con la vestidura adecuada, la mejor túnica, la cual tipifica a Cristo, la justicia de Dios, como la envoltura que nos califica para sentarnos con el Padre y disfrutar a Cristo como vida. Primero debemos tener a Cristo como nuestra justicia. Entonces bajo esta justicia, bajo esta "túnica" justa, estamos calificados para disfrutar a Cristo como nuestra vida. Mientras Cristo esté en nuestro espíritu, nuestro espíritu es vida debido a Cristo como nuestra justicia. Ahora no solamente el Espíritu de Dios es vida; aun nuestro espíritu regenerado es vida. El Espíritu que es Cristo mismo ahora es vida en nuestro espíritu. Por lo tanto, nuestro espíritu llega a ser vida. El Cristo residente ha traído vida a nuestro espíritu.

C. El Impartir de Vida

El versículo 11 dice: "Y si el Espíritu de aquel que levantó de los muertos a Jesús mora en vosotros, el que levantó de los muertos a Cristo Jesús vivificará también vuestros cuerpos mortales por su Espíritu que mora en vosotros". El Espíritu en este versículo es el Espíritu de resurrección. Hemos visto que nuestro espíritu es vida (v. 10) y que nuestra mente también es vida (v. 6). Ahora llegamos al último ítem de nuestro ser, nuestro cuerpo mortal. Nuestro cuerpo se está muriendo. Sin embargo, la vida es dada aun a nuestro cuerpo mortal moribundo. Nuestro cuerpo puede participar en esta vida, ser sustentado con esta vida, y ser suplido con esta vida por medio de Su Espíritu que nos reside. Indudablemente, el Espíritu residente es el Cristo resucitado (1 Co. 15:45; 2 Co. 3:17). Cristo como el Espíritu residente imparte vida constantemente a cada aspecto de nuestro ser.

Una ilustración excelente de esto es la electricidad. Aunque la electricidad ha sido instalada dentro de un edificio, su fluir puede ser frustrado. Cristo, el Espíritu que da vida, ha sido instalado dentro de nuestro ser como la electricidad celestial. Sin embargo, solamente una parte pequeña de nuestro ser le da un curso libre; la mayor parte de nuestro ser no está abierta a El, sino que más bien le frustra. Por ejemplo, tus emociones pueden ser una frustración para Cristo. Por lo tanto, Cristo tiene dificultad para impartirse como vida dentro de tus emociones. Tú necesitas orar: "Señor, trata con mis emociones. Abrete paso a través de mis emociones para que te impartas como vida dentro de ellas". Nosotros necesitamos este tipo de experiencia. No tomemos esto como una docrina o enseñanza. Esto debe ponerse en práctica. Si tú practicas esto, encontrarás que Cristo como la vida ahora está en tu espíritu, esperando una oportunidad para extenderse dentro de cada área y vía de tu ser. El está esperando para penetrar las partes escondidas de tu ser. Si te abres a El, El se impartirá como vida aun dentro de tu cuerpo mortal, haciéndote una persona que está llena con todas las riquezas de Su vida. El llegará a ser en ti una vida cuádruple, para hacer vivientes a tu espíritu, tu mente y tu cuerpo.

D. Nuestra Cooperación

El versículo 12 dice: "Así que, hermanos, deudores somos, no a la carne, para que vivamos conforme a la carne". Este versículo también prueba que después que somos salvos, todavía queda la posibilidad de vivir conforme a la carne. Si esto fuese imposible, ¿por qué Pablo nos recuerda que no somos deudores a la carne? Necesitamos decir: "¡Aleluya! Yo no soy deudor a la carne. No le debo nada. No estoy obligado a ella. Estoy exonerado de ella y liberado de ella. He sido totalmente libertado de esta cosa desahuciada llamada carne. No soy un deudor a la carne para vivir más conforme a ella."

1. Por No Vivir Conforme a la Carne

Pablo continúa: "Porque si vosotros vivís conforme a la carne, estáis a punto de morir; mas si por el Espíritu dais muerte a las prácticas del cuerpo, viviréis" (lit., 8:13). El "vosotros" aquí ciertamente denota a personas salvas. Por esto, este versículo es prueba adicional de que una persona salva puede vivir conforme a la carne. Si vivimos conforme a la carne, estamos a punto de morir. Por supuesto, este tipo de morir no es físico; es espiritual. Si tú vives conforme a la carne, estás a punto de morir en tu espíritu. Sin embargo, si por el Espíritu das muerte a las prácticas del cuerpo — esto es, mortificándolas o crucificándolas — tú vivirás. Esto significa que vivirás en el espíritu. Este versículo corresponde con el versículo 6, el cual dice que la mente puesta sobre la carne es muerte y que la mente puesta sobre el espíritu es vida. Vivir conforme a la carne significa primariamente poner nuestra mente sobre la carne, y del mismo modo, poner nuestra mente sobre la carne significa principalmente vivir conforme a la carne. A fin de dar muerte a las prácticas del cuerpo necesitamos poner nuestra mente sobre el espíritu y andar conforme al espíritu.

Tomemos el ejemplo de una hermana que va de compras. En la tienda ella ve cierto ítem que se vende por $12.99. La hermana razona consigo misma: "Yo dispongo de mil doscientos dólares al mes. Gastar $12.99 en ropa no significa nada. El Señor no es pobre. El es rico. La semana pasada di doscientos cincuenta dólares para el edificio de la iglesia. ¿Qué hay de malo en gastar $12.99? Ciertamente el Señor es benevolente". Mientras más razona, más muere. Mientras está pensando en esta forma, su espíritu está reprimido. Ella puede tratar de confortarse diciendo: "No debo ser tan religiosa. No hay nada malo con lo que estoy haciendo". Sin embargo, mientras más trata de sustentar su espíritu, más bajo desciende. Cuando ella viene a la reunión todo lo que puede hacer es mantener la forma y se esfuerza por mantener la imagen de ser una hermana espiritual. Aunque ella grite: "Aleluya", es sin vida y vacío, una señal de que está muerta en su espíritu. Aunque sufre la muerte en su espíritu, no se arrepiente inmediatamente. A la semana siguiente ella considera si el artículo de ropa todavía está disponible. Finalmente, lo compra y lo trae al hogar. En este punto no sólo está muerta; su espíritu ha sido puesto en un ataúd y está listo para el entierro. Cuando viene a una reunión ahora ni siquiera puede producir un aleluya formal. Ella asiste a las reuniones, pero se sienta allí como un cadáver. Uno de los ancianos le dice al otro: "¿Qué le sucedió a esa hermana? Hace dos meses estaba tan viva. ¿Qué pasa ahora? ¿Tiene un problema con su matrimonio?" No es necesario que haya un problema mayor, tal como una dificultad en el matrimonio, para ponerla dentro de una caja. El pequeño asunto de comprar un artículo de ropa por $12.99 mató su espíritu. Ella permanece en esa condición hasta que un día, por la misericordia del Señor, se arrepiente.

Tú necesitas examinar tu propia experiencia. Cuando piensas acerca de cierto asunto, si no tienes tranquilidad en tu espíritu, detén tu pensar. Llama de vuelta a tu mente desde la cosa que da inquietud a tu espíritu. Cada vez que trates de razonar y te sientas vacío en tu espíritu, detente y regresa tu mente de vuelta al espíritu. Necesitas decir: "Oh Señor Jesús, rescátame. Señor, libra a mi mente de esa reflexión que me da muerte". Si haces esto, inmediatamente tendrás reposo, alivio, satisfacción y aun fortalecimiento en tu espíritu. Mientras tengas reposo, alivio y satisfacción adentro, es una indicación de que tu mente está puesta en la dirección correcta. Si no tienes reposo, alivio ni satisfacción, sino que más bien te sientes confuso, vacío e inquieto, es una indicación de que tu dirección es hacia la muerte. En tal caso necesitas volver tu mente de vuelta al espíritu.

En Romanos 8 no encontramos enseñanzas. Se nos dice simplemente que andemos conforme al espíritu. ¿Cómo podemos andar conforme al espíritu? Cuidando de nuestra mente, poniéndola siempre en la dirección correcta. La mente no debe ser vuelta hacia afuera, sino hacia el interior, no en comprar externamente, sino en el espíritu internamente. Si tú pones tu mente sobre el espíritu, andarás conforme al espíritu. En esta forma disfrutamos a Cristo y participamos plenamente en el Espíritu todo-inclusivo. Automática e inconscientemente tenemos el cumplimiento de los requisitos justos de la ley de Dios (v. 4). Día tras día tenemos el disfrute de Cristo como nuestra vida cuádruple. Todo lo que necesitamos hacer es cuidar de nuestra mente. ¿Dónde está tu mente? ¿En qué dirección está tu mente? Necesitamos decir: "Señor, ten misericordia de mí y concédeme Tu gracia para que yo siempre tenga mi mente vuelta hacia Ti y puesta sobre mi espíritu".

2. *Dando Muerte a las Prácticas del Cuerpo*

Cuando tengamos nuestra mente puesta sobre nuestro espíritu, se le dará muerte a nuestra carne. Al poner nuestra mente sobre nuestro espíritu damos muerte a todas las prácticas del cuerpo. Esto es "crucificar la carne" (Gá. 5:24). Cuando deseamos ir de compras, nuestros pies pueden tratar de ir, pero nuestro espíritu dice: "Quédate en la cruz". Esto es mortificar, dar muerte o crucificar los hechos de nuestro cuerpo. Como un resultado, experimentaremos la muerte de Cristo. La experiencia genuina de la co-crucifixión con Cristo es obtenible dando muerte a las prácticas del cuerpo por el Espíritu. Esto no sucede de una vez por todas; es un ejercicio diariamente constante. Se le debe dar muerte a toda práctica del cuerpo volviendo nuestra mente al espíritu y poniéndola sobre el espíritu. Esta es la forma de "andar conforme al espíritu" (v. 4).

La palabra "andar" incluye a todo nuestro vivir: lo que decimos, lo que hacemos y adonde vamos. Cuando ponemos nuestra mente sobre nuestro espíritu continuamente, todo nuestro camino será conforme al espíritu. Podemos llamar a esto la vida santa, la vida victoriosa o la vida gloriosa. No importa cómo la llamemos, es la expresión del Cristo residente como nuestra vida cuádruple. Esta es la experiencia que necesitamos tener en la vida de la iglesia.

Jesus Garcia

974-3558

Centella
23F-3206